职业院校电子商务专业精品系列课程

新媒体营销

秦清梅　主编

中国财富出版社有限公司

图书在版编目（CIP）数据

新媒体营销／秦清梅主编．—北京：中国财富出版社有限公司，2023.4

（职业院校电子商务专业精品系列课程）

ISBN 978－7－5047－7916－8

Ⅰ.①新… Ⅱ.①秦… Ⅲ.①网络营销—职业教育—教材 Ⅳ.①F713.365.2

中国国家版本馆 CIP 数据核字（2023）第 058548 号

策划编辑	李彩琴	责任编辑	张红燕　张　婷	版权编辑	李　洋
责任印制	梁　凡	责任校对	孙丽丽	责任发行	董　倩

出版发行	中国财富出版社有限公司		
社　　址	北京市丰台区南四环西路 188 号 5 区 20 楼	邮政编码	100070
电　　话	010－52227588 转 2098（发行部）	010－52227588 转 321（总编室）	
	010－52227566（24 小时读者服务）	010－52227588 转 305（质检部）	
网　　址	http：//www.cfpress.com.cn	排　版	宝蕾元
经　　销	新华书店	印　刷	北京九州迅驰传媒文化有限公司
书　　号	ISBN 978－7－5047－7916－8/F·3529		
开　　本	787mm×1092mm　1/16	版　次	2024 年 1 月第 1 版
印　　张	14.75	印　次	2024 年 1 月第 1 次印刷
字　　数	272 千字	定　价	49.80 元

版权所有·侵权必究·印装差错·负责调换

编 委 会

主　编　秦清梅
副主编　班　欣　李　翔
参　编　莫丽梅　陈娜娜　蓝　莹　梁梅珍
　　　　　苏杨媚　宁　菁　莫永宁　陆琪琪
　　　　　黄坤忠　李佳玲　卢从县

内容介绍

　　《新媒体营销》系统地讲解了新媒体营销各阶段的学习和实操内容，充分遵循典型工作任务引导下，严格培养专业从业人员的要求。本书共分七个项目，充分考虑到当下新媒体营销趋势及企业对于新媒体岗位人才需求，由浅入深，以理论与实践相结合的方式展开讲述各部分知识内容，主要包括新媒体营销概述、微信营销、微博营销、直播平台营销、其他网络新媒体营销方式（如短视频营销、问答营销、口碑营销、内容营销）、新媒体舆情管理、新媒体文案创作。

　　本书从广西当地具有特色优势的区域性产品出发，通过真实运营操作，详细讲解新媒体营销的技巧及步骤，帮助学生在学习基础知识之余掌握新媒体营销的操作技能。

　　本书适合作为职业院校市场营销类、电子商务类、商务贸易类等相关专业在校学生的学习教材，也可供企事业单位新媒体营销在职人员阅读参考。

前　言

随着互联网的发展，"互联网+"模式的变革，媒体传播也出现了新趋势，如直播、微信、小程序、短视频等，一些新的资讯传播媒介也随之而来，很多传统企业更是将新媒体看成实现企业转型升级的关键因素。由此可见，新媒体营销人才是众多行业企业所需要的专业人才，具有广泛的就业前景。

本书编写组为了满足市场对于新媒体人才的需求，与北京博导前程信息技术股份有限公司联手，采访众多行业新媒体营销达人、企业专家等，从实际操作入手，编写完成本书。

本书包括目前新媒体主流营销方式及方法，与传统教材相比，更注重实训内容，通过真实案例操作与实训，能够让学生快速掌握微信、微博、直播、短视频等新媒体平台的操作技能，是面向新媒体人才培养这一需求而设计编写的以工作任务为导向的课程教材。

本书参照现行中、高职教学标准，将一个完整且真实的项目全过程进行任务分解，系统地呈现了新媒体营销概述、微信营销、微博营销、直播平台营销、其他网络新媒体营销方式、新媒体舆情管理、新媒体文案创作七个部分。同时，还为读者提供了配套的教学资源包，包括教学课件、微课视频、教学案例等。

由于新媒体发展日新月异，加之编者水平有限、时间仓促，书中难免存在不当之处，恳请广大读者、专家批评指正并提出宝贵意见及修改建议。

秦清梅
2023年10月

目　录

项目一　新媒体营销概述 ··· 1
　　任务一　新媒体概述及发展 ·· 2
　　任务二　网络新媒体营销方式 ··· 10
　　任务三　新媒体岗位职责 ·· 18

项目二　微信营销 ·· 26
　　任务一　微信公众号营销 ·· 27
　　任务二　微信朋友圈营销 ·· 44
　　任务三　微信社群营销 ··· 53

项目三　微博营销 ·· 66
　　任务一　微博账号注册与微博认证 ·· 67
　　任务二　微博活动策划与实施 ··· 73

项目四　直播平台营销 ··· 89
　　任务一　常见直播平台介绍 ·· 90
　　任务二　直播内容策划与实施 ·· 106
　　任务三　直播营销复盘 ·· 123

项目五　其他网络新媒体营销方式 ·· 133
　　任务一　短视频营销 ·· 134
　　任务二　问答营销 ··· 145

任务三　口碑营销 …………………………………………… 154
　　任务四　内容营销 …………………………………………… 166

项目六　新媒体舆情管理 ……………………………………… 178
　　任务一　新媒体舆情分析 …………………………………… 179
　　任务二　新媒体舆情监控与管理 …………………………… 189

项目七　新媒体文案创作 ……………………………………… 200
　　任务一　新媒体文案标题撰写 ……………………………… 200
　　任务二　新媒体文案内容撰写 ……………………………… 214

参考文献 ………………………………………………………… 225

项目一 新媒体营销概述

项目情境

小刘经营一家售卖广西水果的网店,为了吸引更多站外流量,小刘计划借助现今较为热门的新媒体展开营销,但是,小刘对新媒体的特点及优势、常见的网络新媒体营销方式以及新媒体岗位职责都不甚了解,在展开新媒体营销前,小刘计划从新媒体基础知识开始学习。

学习目标

本项目旨在引导学生了解新媒体的概念、特点及优势,能够辨别常见的网络新媒体营销方式,并进一步明确新媒体岗位职责和特点,能够初步具备新媒体营销思维。

项目导图

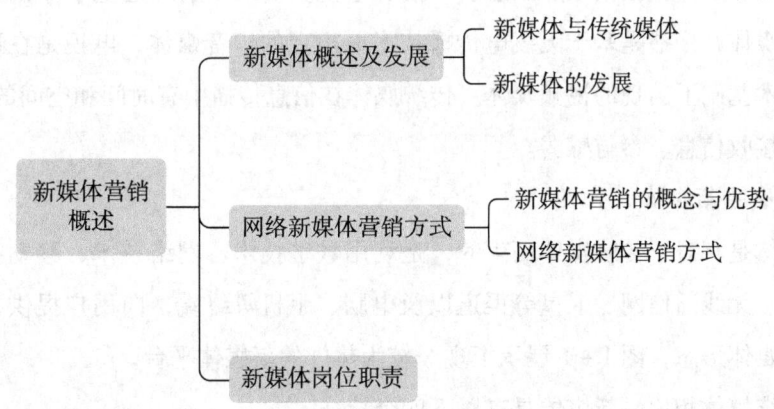

任务一　新媒体概述及发展

任务描述

移动互联网的飞速发展，带动了新媒体的广泛应用，越来越多的网店借助不同的新媒体平台进行引流。什么是新媒体？新媒体具有哪些特征？新媒体的现状与发展趋势是什么？下面我们将围绕以上问题，展开新媒体概述及发展相关内容的讲解。

任务目标

1. 区分新媒体与传统媒体；
2. 了解新媒体的特征；
3. 了解新媒体的发展现状与趋势；
4. 帮助学生树立正确的职业道德观。

任务实施

一、新媒体与传统媒体

小刘想要借助新媒体展开营销，首先需要区分新媒体与传统媒体。

1. 什么是传统媒体

传统四大媒体包括报纸、杂志、广播、电视。报纸、杂志是基于印刷技术而出现的纸质媒体，广播是基于无线电传播技术而出现的声音媒体，电视是在通信和卫星传播技术基础上出现的视频媒体。传统媒体在信息传播中有时间和空间的局限性，受众被动接收信息、参与感弱。

2. 什么是新媒体

新媒体是相对于传统媒体而言的，是利用数字技术、网络技术、移动技术，通过互联网、无线通信网、卫星等渠道以及电脑、手机等终端，向用户提供信息的传播形态和媒体形态，图1-1展示了现今较为热门的新媒体平台。

与传统媒体相比，新媒体具有以下四个特征。

图1-1 新媒体平台

（1）互动性。从数字技术特性来看，互动性是新媒体的根本特征。伴随着新媒体技术的推陈出新，用户获取和传播信息变得更加便利。一方面，用户可以用智能手机或者平板电脑等智能终端在微博、微信等社交平台上快速获取各类新闻信息，提高自己对社会环境的认知；另一方面，用户通过新兴的社交网络，还可以直接对新闻信息发表个人的观点和评价，参与事件的讨论，行使公民言论自由的权利，而不再是传统大众传媒环境下单向的信息接收者，这是新媒体最大的特色。

（2）即时性。新媒体技术打破了传统媒体在时间上的限制，使信息能在瞬间到达地球上的任何地方。一般而言，传统媒体具有出版周期，且版面、时长都有严格的规定，所以信息传播受到时间和空间的限制。但是新媒体可以随时更新新闻信息，实现24小时不间断发稿，还可以对突发事件进行直播。

（3）共享性。互联网将全世界的网络连接起来，形成一个庞大的数据库，其超链接技术又将这些海量信息融合在一起，其开放、共享的程度超过了以往所有媒体。受众能将所看到的信息第一时间发布出去，并将信息与其他用户共享。

（4）个性化。在传统传媒时代，受众往往是匿名的、广泛的群体，传统媒体对受众进行单向的"同质化传播"。其传播的内容试图涵盖所有受众，因而受众的个人需求并未得到有效满足。然而，在新媒体时代，信息内容多样化使得受众的细分化趋势加强，受众的地位与个性日益凸显。新媒体能够为不同的受众群体提供多样化的内容,受众可以自主选择内容和服务。

二、新媒体的发展

为了尽可能保证后期新媒体营销运用的可靠性和准确性,小刘需要关注新媒体的发展现状和趋势,并在后期的营销推广过程中及时调整策略。

1. 新媒体的发展现状

对于新媒体的发展现状,小刘结合中国互联网络信息中心的报告展开分析。

(1) 移动用户持续增长,智能终端全面渗透到人们的日常生活中。中国互联网络信息中心(CNNIC)发布的第 48 次《中国互联网络发展状况统计报告》显示,截至 2021 年 6 月,我国手机网民规模达 10.07 亿,较 2020 年 12 月增长 2092 万,网民使用手机上网的比例为 99.6%,移动用户规模持续增长,智能手机已全面渗透到人们日常生活的各个细分领域,如图 1-2 所示。

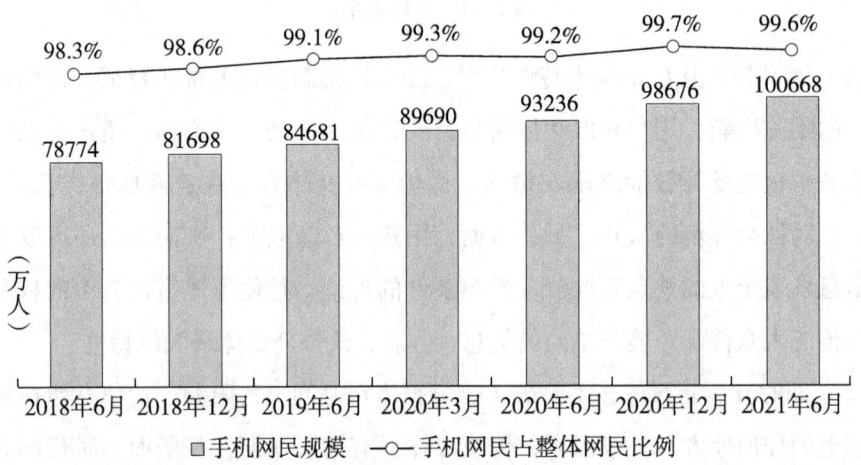

图 1-2　中国手机网民规模及其占网民比例

数据来源:《中国互联网络发展状况统计报告》。

(2) 新媒体应用保持良好发展势头。第 48 次《中国互联网络发展状况统计报告》显示,2021 年上半年我国个人互联网应用呈持续稳定增长态势。其中,网上外卖、在线医疗和在线办公的用户规模增长最为显著,增长率均在 10% 以上。基础应用类应用中,搜索引擎、网络新闻的用户规模较 2020 年 12 月分别增长 3.3%、2.3%;商务交易类应用中,在线旅行预订、网络购物的用户规模较 2020 年 12 月分别增长 7.0%、3.8%;网络娱乐类应用中,网络直播、网络音乐的用户规模较 2020 年 12 月均增长 3% 以上,如表 1-1 所示。

表1-1　2020年12月—2021年6月各类互联网应用用户规模和网民使用率

应用	2020年12月		2021年6月		增长率
	用户规模（万人）	网民使用率	用户规模（万人）	网民使用率	
即时通信	98111	99.2%	98330	97.3%	0.2%
网络视频（含短视频）	92677	93.7%	94384	93.4%	1.8%
短视频	87335	88.3%	88775	87.8%	1.6%
网络支付	85434	86.4%	87221	86.3%	2.1%
网络购物	78241	79.1%	81206	80.3%	3.8%
搜索引擎	76977	77.8%	79544	78.7%	3.3%
网络新闻	74274	75.1%	75987	75.2%	2.3%
网络音乐	65825	66.6%	68098	67.4%	3.5%
网络直播	61685	62.4%	63769	63.1%	3.4%
网络游戏	51793	52.4%	50925	50.4%	-1.7%
网上外卖	41883	42.3%	46859	46.4%	11.9%
网络文学	46013	46.5%	46127	45.6%	0.2%
网约车	36528	36.9%	39651	39.2%	8.5%
在线办公	34560	34.9%	38065	37.7%	10.1%
在线旅行预订	34244	34.6%	36655	36.3%	7.0%
在线教育	34171	34.6%	32493	32.1%	-4.9%
在线医疗	21480	21.7%	23933	23.7%	11.4%
互联网理财	16988	17.2%	16623	16.4%	-2.1%

数据来源：《中国互联网络发展状况统计报告》。

（3）短视频与直播、电商相互加成，快手、抖音等平台成为重要的电商阵地。快手、抖音两大平台根据自身特色，分别朝着信任电商、兴趣电商两种不同路径发展。快手的信任电商生态以用户、电商内容创作者为核心，依靠创作者持续的内容产出与用户建立强信任关系，从而积累私域流量，提高电商转化率。2021年第一季度，快手电商的商品交易总额达到1186亿元，同比增长219.8%。抖音的兴趣电商生态则通过生动、真实、多元的内容，配合算法推荐技术，让用户在"逛"的同时，发现优价好物、激发消费兴趣、创造消费动机，从而实现"兴趣推荐+海量转化"。2021年1月，抖音电商的商品交易总额同比增长了50倍。

2. 新媒体的发展趋势

了解了新媒体的发展现状，小刘还需要进一步了解新媒体的发展趋势。

(1) 矩阵化布局成未来趋势。社会生活节奏越来越快，如何抢占用户的注意力非常重要，这时需要进行矩阵化布局。矩阵化布局可以参考如下类型：根据目标人群搭建 IP 矩阵；按照内容建立矩阵化平台；按照产品形态搭建矩阵。

(2) 新媒体平台面临"洗牌"，走向寡头竞争。随着很多热门领域的快速崛起，以及用户向新媒体的大量涌入，催生了众多同质化平台和内容创作者；随着投资市场的冷静以及竞争的加剧，平台"洗牌"趋势会逐渐显现。未来新媒体平台间的融合并购现象将增多，一些用户数量大的主流平台将更受投资者青睐，寡头竞争格局逐渐呈现。

(3) 新媒体监管手段更加完善，重视自媒体舆情。不断爆发的众多舆论事件，促使政府关注对新媒体领域的监管，既要保证公众的舆论监督作用，又要保证政府对舆情的积极引导。一方面，要对新媒体领域众多问题作出规范，积极出台相关法律法规、政策。例如，针对个人信息保护、关键信息基础设施安全保护的《中华人民共和国网络安全法》在国内外媒体和网民中引发热烈反响。另一方面，要鼓励行业内部规范的制定，将政府管理与行业自律相结合。同时，要正视自媒体舆情事件，提升政务新媒体舆情应对能力，使舆论场活跃而有序。

知识链接

新媒体与自媒体的区别

现如今，随着新媒体的不断发展，很多行业都会利用这个平台展开营销之战。此外，也有很多商家会利用自媒体平台进行宣传推广。作为企业或商家，首先要对新媒体与自媒体进行一定的了解，这样才能选择更适合自己的方式。

自媒体可以说是一种个人媒体，是一种利用电子媒介向他人或特定的某个人传递信息的新媒体。自媒体一般具有私人化、平民化、自主化的特点，因此，人人都可以成为自媒体人。简单来说，自媒体就是人们用来发布自己所见所闻的主要渠道，包括微博、微信、贴吧、论坛等。企业或商家也可以利用这些渠道进行宣传推广，从而进行自媒体营销。

新媒体和自媒体的区别主要表现在以下几个方面。

1. 概念不同

新媒体是相对传统媒体衍生出的概念。传统媒体，指的是报纸、杂志、电视、广播等。区别于这些媒体的就称为"新媒体"，比如，门户网站（网易、新浪、腾讯、搜狐)、新闻客户端(今日头条)、视频网站(优酷、爱奇艺)、微信、直播平台、短视频平台、信息交易平台等。自媒体,通常为个人或者小的团队开通的媒体号,依托于微信、微博、头条号、UC号、大鱼号、企鹅号等。

2. 运营角度不同

新媒体一般用来打造企业品牌形象,靠企业的官网、公众号进行延伸拓展,一般对应的是订阅者和用户。自媒体用于打造个人品牌形象,通过各种平台进行传播,对应的是"粉丝"。

3. 内容来源不同

新媒体内容来源于门户网站、大型信息平台、视频网站、小说平台,有些是平台自己制造的,有些是由会员管理而产生的。而自媒体内容基本都是由运营者提供的。

4. 盈利模式不同

新媒体旨在打造一个可以为他人提供信息交流和互动的平台,通过会员、广告位、信息费等方式产生利润。而自媒体旨在打造一个有黏度和个人魅力的形象,通过软文、广告等方式产生利润。

思政园地

诚信是新媒体营销的道德底线

随着我国市场经济的快速发展,市场竞争日益激烈,行业环境日趋复杂,越来越多的企业将提升营销技巧作为获取竞争优势的主要手段,新媒体营销模式逐步取代传统营销模式,相应地,人们对价值观的判断、行为认知和思维方式都发生了巨大的变化。某些企业新媒体营销人员的社会主义核心价值观与职业道德观的缺失,造成企业不惜一切代价,借虚假营销、低俗营销提升竞争力,扰乱市场秩序。市场需要"德技"并重的新媒体营销人才。

"人而无信,不知其可也"。诚信是新媒体营销人员职业道德的核心,是企业生存的法宝和道德底线。在市场经济快速发展的今天,市场竞争非常激烈,市场竞争的结果必然是优胜劣汰,企业要想在激烈的市场竞争中取胜,必须做到诚信经营。坚守诚信者得市场认可,在中国有一大批儒商凭借"诚信经商、童叟无欺"的经营理念而久负盛名,如以同仁堂、庆余堂为代表的"中华老字号",以及现代的海尔集团等成功的大企业,都是以讲诚信而兴旺发达,名扬天下。

反之,失诚信者难以立足。震惊中外的"三鹿奶粉"事件就是一个典型的例子。石家庄三鹿集团股份有限公司的前身是1956年成立的"幸福乳业生产合作社",经过几代人半个世纪的奋斗,在同行业创造了多个奇迹和"五个率先"。2005年,"三鹿"品牌被世界品牌实验室评为"中国500最具价值品牌"之一。但就是这样一个有着各种光环头衔的名企,却于2008年因生产销售"毒奶粉"而最终倒闭。究其原因,就是因为企业的"诚信"缺失。纵观整个事件,即使有其客观的原因,三鹿集团也完全可以采取紧急的措施挽救,所谓"亡羊补牢,犹未为晚",但三鹿集团并未这样做。三鹿集团在内部自检中已经发现原料乳中含有三聚氰胺的情况下,企业负责人的集体决策并不是正视问题,以积极的态度去解决问题,相反,采取了推诿、不承认、擅自决定让含有三聚氰胺的毒奶粉继续流入市场等一系列错误措施,导致事件向最坏的方向发展,这样泯灭"诚信"道德的做法换来的是企业的彻底破产。

作为新媒体营销人员,必须加强职业道德修养,将诚信作为经营的基本思想,树立诚信经营的理念。

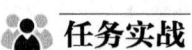
任务实战

新媒体概述及发展工作单

【工作准备】

是否正常培训:(部门经理填) □到席 □请假 □旷工 原因:

是否遵守纪律:(部门经理填) □严格遵守 □迟到 □早退 □出位 □其他

检查电脑的完好性:□完好 □故障:报告值班经理并换机

【工作记录】

一、新媒体与传统媒体

传统四大媒体:_____

传统媒体的特征:_____

新媒体的定义:_____

新媒体的特征:_____

二、新媒体的发展

新媒体的发展现状：_____

_____

新媒体的发展趋势：_____

_____

新媒体与自媒体的区别：

(1) _____

(2) _____

(3) _____

(4) _____

【工作结束】

数据整理及备份： □完成　□未完成

关机检查：　　　 □正常　□强行关机　□未关机

整理桌面：　　　 □完成　□未完成

地面卫生检查：　 □完成　□未完成

整理椅子：　　　 □完成　□未完成

任务评价

类别	序号	考核项目	考核内容及要求	优秀	良好	合格	较差
技术考评	1	质量	能够区分新媒体与传统媒体				
	2		了解新媒体的发展现状与发展趋势				
非技术考评	3	态度	学习态度端正				
	4	纪律	遵守纪律				
	5	协作	积极参与团队合作与交流				
	6	文明	保持安静，清理场所				

任务拓展

任务说明：

1. 全班分成若干小组，每个小组 6 人左右；

2. 以小组为单位了解当今主流的新媒体平台及其特点；
3. 每个小组做 10 页左右的 PPT；
4. 每个小组选 1 名代表演示 PPT，时长 2~3 分钟。

任务二　网络新媒体营销方式

⊕ 任务描述

小刘要开展新媒体营销工作，需要了解常见的网络新媒体营销方式，从而在后期根据具体的营销目标选择合适的营销方式。

任务目标

1. 了解新媒体营销的概念；
2. 明确新媒体营销的优势；
3. 能够结合营销目标选择合适的网络新媒体营销方式；
4. 增强法制观念，树立网络安全意识。

任务实施

一、新媒体营销的概念与优势

小刘想借助新媒体展开营销，需要先了解新媒体营销的概念与优势。

1. 新媒体营销的概念

新媒体营销是指借助新媒体平台，在电子化、信息化及网络化环境下，以现代营销理论作为基础，通过高科技的技术及服务，最大限度地满足用户需求，进而实现开拓市场和营利目的的营销活动。图 1-3、图 1-4 分别为借助微信、微博展开的营销推广活动。

2. 新媒体营销的优势

小刘进一步了解到，借助新媒体营销，信息的时效性、丰富程度、反馈机制、发布机制等都具有较强的优势，具体分析如下。

图1-3 微信营销示例　　图1-4 微博营销示例

（1）信息的传播速度较快。

新媒体信息发布速度极快，时效性较高，发布后的第一时间人们就能看到信息，并能时刻关注其变化，比如，现在的赛事现场直播，信息一发布，人们就能通过电脑、手机等分秒不差地接收到，和去现场观看无异。

（2）信息的容量较大。

新媒体信息的容量较传统媒体来讲较大，可以通过加载文件、分享下载等多种方式呈现丰富多彩、图文并茂、各门各类的相关信息，与此同时，能够最大限度地发挥自身的优势，将信息全面、及时地呈现给观众。

（3）信息反馈机制较完善。

新媒体的交互度较高，用户可以轻而易举地通过新媒体媒介进行自由的信息反馈，既可以随心所欲的点播、下载、阅读、分享信息，也可以自由发表评论、留言等，反馈机制比传统媒体更为完善、方便。

（4）信息融合度较高。

新媒体可以通过不同的传播媒介，多种传播方式，将图片、文字、数据、图表、声音、动画等各式各样的信息同时呈现给用户，直观形象，颇具趣味性，信息全面且不乏味。

（5）信息发布机制较灵活。

互联网、计算机技术、手机及电脑的普及，推动了新媒体的进一步发展，在这种情况下，发布人员可以是任何网络用户，在遵守网络规定的前提下，可以自由发布相关信息，自由发表言论，通过互联网分享给用户，用户由被动接收者转变为主动参与者。

二、网络新媒体营销方式

网络新媒体营销方式可以分为即时通信类、社交网络类、视频及直播类三种。

1. 即时通信类

即时通信是一种实时通信系统,允许两人或多人使用网络实时地传递文字消息、文件、语音或视频。小刘了解到,即时通信工具有微信、腾讯 QQ 等,图 1-5 为即时通信工具的演变史。

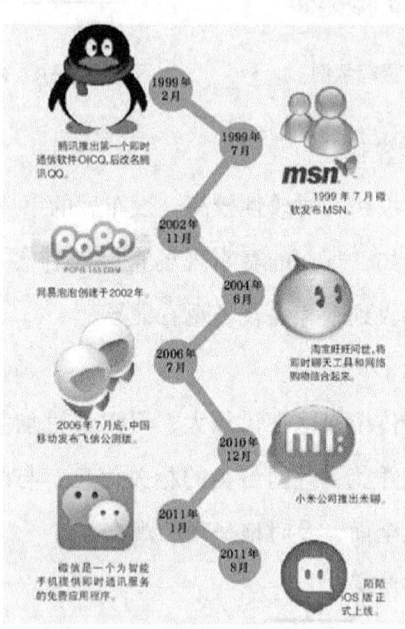

图 1-5 即时通信工具的演变史

以较有代表性的微信营销为例,其主要营销方式有公众号营销、微信朋友圈营销、微信社群营销,是一种点对点地推广产品、品牌、文化的营销方式。

微信营销相对于传统营销,自有其独特之处,主要体现在以下方面。

(1) 实现点对点的精准营销。

微信拥有庞大的用户群,借助移动端,可将每一条消息推送到每个用户的手机中,真正实现了一对一的交流、沟通,有助于管理用户。

(2) 提供灵活多样的营销方式。

微信提供的功能有很多,如二维码、摇一摇、公众号、小程序、扫一扫等,这些功能为营销提供了便利的同时,也能创新出多样性的营销方式。

(3) 强关系机制。

微信的点对点模式，可以将普通关系升级成强关系，小刘能够通过互动的形式与用户建立联系，拉近与用户之间的距离。

2. 社交网络类

对于社交网络类的营销方式小刘并不陌生，如基于信息快速分享的微博、基于问答咨询的知乎、基于大众化社交的腾讯 QQ 空间等，都是社交网络的典型代表。

其中，微博是一个关注分享机制的社交平台，可以实现信息的实时传播。小刘可以通过微博平台，向每一位"粉丝"传递信息、传播品牌文化、开展营销活动等。

微博营销注重的是价值传递、内容互动、准确定位、系统布局，涉及博文、话题讨论、"粉丝"、直播、视频、活动等内容。微博作为日常获取碎片化信息的重要途径，其特点及优势主要表现在以下几个方面。

(1) 成本与门槛低。

人人都可以免费注册微博账号，通过在微博上发布简短的文字、视频等内容，即可进行信息传播，成本远低于广告，且受众比传统媒体广泛，后期维护成本较低。

(2) 传播快，效果明显。

微博营销作为一种新型的网络营销模式，单条微博发出后，可以在短期内形成多级转发关系，形成传播效应。

(3) 内容多元。

微博内容矩阵完善，内容形式多样，用户可以通过文字、图片、视频、链接等多种展现形式，传播产品或品牌内容。

(4) 平台开放。

微博话题广泛，没有过多限制，内容涉及娱乐、财经、教育、时政、电商等多个领域，如图 1-6 所示，与各类型用户都有很强的黏性。

(5) 互动性强。

微博可使博主与"粉丝"之间实现即时沟通，可实现点对点交流。小刘可以通过在微博上开通直播、回复留言等方式，拉近与"粉丝"之间的距离。

(6) 操作简单。

微博内容发布流程简单，无论是发布，还是转发，只需简单构思、一键发布即可。

3. 视频及直播类

互联网时代瞬息万变，用户大脑信息过载，比起其他形式的内容，用户更容易

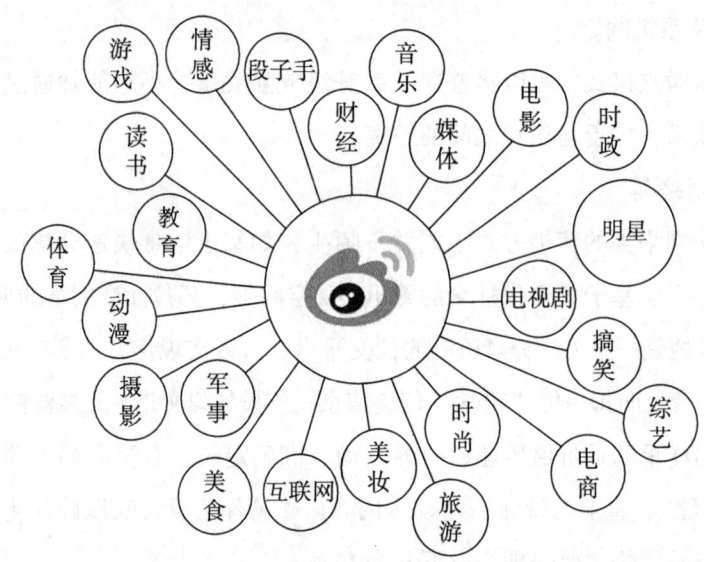

图 1-6 微博内容领域

接受视频的直观表达，小刘可以充分利用这个机会，通过视频进行产品或服务营销，具有代表性的平台是抖音、快手等。

相对于传统营销方式，视频营销具有以下优点。

（1）成本低。

相比传统广告昂贵的广告费用，视频营销只需要一个好的创意、几个员工，就可以做一个吸引人的短片，免费放到视频网站上进行传播。

（2）目标精准。

作为网络营销新兴方式之一，视频营销能够更精准地定位目标用户，只要设置好关键词，视频就会在搜索引擎结果中获得更好的排名，由于访客是根据需求而主动搜索的，因此获得的流量相比传统营销要精准很多。

（3）呈现效果好。

视频将文字、图片、声音三者立体展现出来，对用户的视觉和大脑感官造成强大的冲击力，相比图文广告更能够获得用户的青睐。

（4）互动性强。

在发布视频时，拟一个具有吸引力的标题很关键，这可以让用户在观看视频的同时进行评论转发，增加了互动性；用户还可以把他们认可的视频转发到自己的社交平台中，让视频实现"病毒式传播"。

制作的视频要通过合适的渠道进行传播，才能收到事半功倍的效果，常见的视频发布渠道包括以下四类。

（1）视频网站：其播放量主要依靠用户搜索或者小编推荐来获得，如爱奇艺、优酷、腾讯视频等。

（2）资讯客户端：其播放量主要是通过自身系统的推荐机制来获得，如今日头条媒体平台、腾讯内容开放平台、一点资讯等。

（3）短视频："粉丝"数量的多少对其播放量影响比较大，如抖音、快手等。

（4）社交平台：传播性比较强，如QQ空间、微博、微信等。

此外，直播类营销方式也是一大发展趋势，如游戏类直播平台——斗鱼、虎牙；购物类直播平台——淘宝直播；社交类直播平台——一直播等。小刘可以结合自身特长及营销需求，搭建营销矩阵。

知识链接

新媒体营销的特点

1. 多元化

新媒体营销充分发挥了电子信息技术的优势和特点，具有多样化的传播平台和传播形式，文字、图片、音频、视频等都可以作为新媒体营销内容的载体。通过多元化的传播媒介，受众就可以方便、快捷地获取丰富的营销信息，然后关注自己所需要的内容。

2. 普及性

近年来，互联网已经实现了大范围的普及，日渐成为人们日常生活中不可缺少的一部分，而新媒体是借助互联网产生的，这使得新媒体在出现之后迅速进入大众视野。手机如今已经成为国民上网最主要的载体，拥有数量巨大的消费者受众，并且以方便、快捷的特点，深入人们日常生活的方方面面，为新媒体营销提供了良好的发展平台。

3. 互动性

互动性是新媒体营销相较于传统媒体营销最主要也是最具优势的一个特点。新媒体营销允许消费者主动对信息进行筛选，并且能够帮助消费者进行信息分类，使消费者能够尽可能地避免时间和精力的浪费，尽快选择出对自己有价值的营销信息。

4. 灵活性

新媒体营销以其丰富的传播途径和多元的营销信息，扩充自身的营销容量，同时也使营销形式变得更加灵活可控。也可以说，新媒体营销实现了对传统营销模式和营销领域的突破，使营销变得更加具有创新性和吸引力，能够最大限度地满足消费者需求。

思政园地

新媒体运营中的侵权风险

一、新媒体运营中侵权的主要表现形式

1. 知识产权侵权

新媒体运营中的知识产权侵权主要集中于著作权侵权方面，具体有以下三种情形：不注明作者及来源，未经授权就转载或使用他人的作品；注明了作者和来源，但未经作者或媒体授权；未经作者授权对文章进行改编。

2. 人格权侵权

在新媒体运营中对他人进行诽谤诋毁，或者擅自使用他人形象做宣传，往往会侵犯他人名誉权、肖像权。

二、新媒体运营中的侵权风险防范

1. 著作权侵权风险防范

为了避免侵权行为的发生，作为新媒体运营者尽量去做原创内容，如果需要转载他人的文章，一定要经过原作者或者原创平台的授权，在文首显著位置标明作者和出处。在未取得明确授权情况下，尽量避免使用他人的图片，避免图片版权纠纷。

2. 人格权侵权风险防范

（1）名誉权侵权风险防范。未经查证的信息，尤其是关系到法人、自然人声誉的信息，谨慎发布，不跟风转载。

（2）肖像权侵权风险防范。在未取得明确授权的情况下，避免使用名人的照片进行直接或间接的商业宣传。

任务实战

网络新媒体营销方式工作单

【工作准备】

是否正常培训：（部门经理填）□到席　□请假　□旷工　原因：

是否遵守纪律：（部门经理填） □严格遵守　□迟到　□早退　□出位　□其他
检查电脑的完好性：□完好　□故障：报告值班经理并换机

【工作记录】

一、新媒体营销的概念与优势

新媒体营销的概念：_____

新媒体营销的优势：_____

二、网络新媒体营销方式

网络新媒体营销方式：_____

即时通信工具的代表：_____

社交网络的典型代表：_____

微信营销的特点与优势：_____

微博营销的特点与优势：_____

视频营销的优点：_____

常见的视频发布渠道：_____

【工作结束】

数据整理及备份：　□完成　□未完成

关机检查：　　　　□正常　□强行关机　□未关机

整理桌面：　　　　□完成　□未完成

地面卫生检查：　　□完成　□未完成

整理椅子：　　　　□完成　□未完成

任务评价

类别	序号	考核项目	考核内容及要求	优秀	良好	合格	较差
技术考评	1	质量	了解新媒体营销的概念与优势				
	2		了解网络新媒体营销方式				
非技术考评	3	态度	学习态度端正				
	4	纪律	遵守纪律				
	5	协作	积极参与团队合作与交流				
	6	文明	保持安静，清理场所				

任务拓展

任务说明：

1. 全班分成若干小组，每个小组 6 人左右；
2. 以小组为单位收集一个新媒体营销成功案例；
3. 每个小组做 10 页左右的 PPT；
4. 每个小组选 1 名代表演示 PPT，时长 2~3 分钟。

任务三　新媒体岗位职责

任务描述

随着新媒体的快速发展，整个市场对新媒体的岗位需求量也不断上升，应聘新媒体领域相关岗位的求职者数量呈增长趋势。整体来说，新媒体从业者在未来会有很大的发展空间。

任务目标

1. 明确新媒体人员需求和不同岗位的职责；
2. 了解新媒体人员未来发展前景；
3. 了解新媒体运营人员能力结构；
4. 了解新媒体从业者应具备的法律素养，树立正确的职业观。

任务实施

新媒体人员需求和岗位职责

对于新媒体岗位的相关知识，小刘分别从市场和行业对新媒体人员的需求、新媒体人员层次划分及岗位职责等方面展开了解。

1. 市场和行业对新媒体人员的需求

各大城市对于新媒体岗位的需求不一，拉勾网统计数据显示，北京、深圳、上海占据前三的位置，如图 1-7 所示。随着新媒体的快速发展，其他城市对新媒体人员的需求量也在迅速增加。

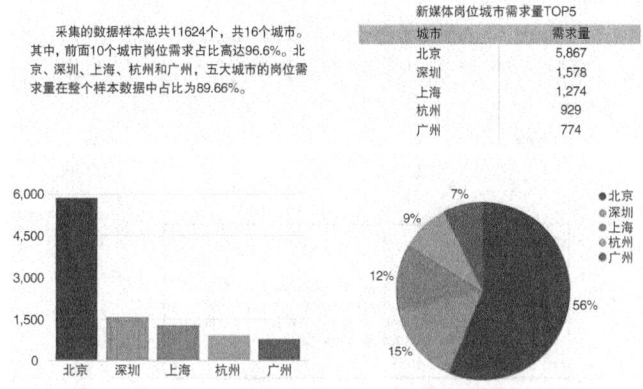

图1-7 新媒体城市岗位需求量TOP5

越来越多的行业需要新媒体岗位的人员，其中电子商务、教育行业和生活服务三大行业对新媒体岗位的需求量较大，如图1-8所示。

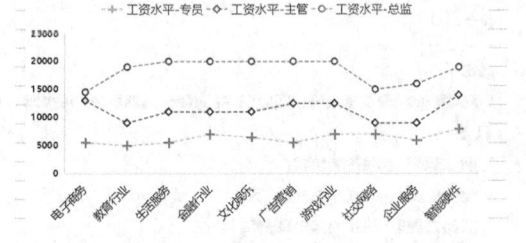

图1-8 十大行业新媒体岗位需求情况

2. 新媒体人员层次划分及岗位职责

根据智联招聘公布的新媒体行业相关招聘信息，可以根据岗位要求和薪资将新媒体人员分为以下四个层次。

第一层：新媒体客服人员。

新媒体客服人员入行门槛低，零基础的新人一般可以考虑从客服做起，通过这个岗位能快速了解各个岗位的主要工作内容，使自身快速地成长起来，新媒体客服待遇及岗位职责如图1-9所示。

招聘中

网络推广/社群推广/在线客服　4001~6000元/月

西安-高新技术产业开发区　经验不限　大专　招6人

职位亮点

五险一金　绩效奖金　股票期权　带薪年假　员工旅游　节日福利

职位信息

工作职责：

1. 通过 QQ 群、贴吧、微信群等平台或网络工具进行中小学段家长和学生的积累和服务

2. 为中小学段家长和学生提供初高中段的知识点、学科体系方面的内容收集和整理

3. 与校区进行沟通和交流并根据学生和家长需求策划免费讲座、体验班、资料领取等活动

4. 邀约学生和家长上门体验，并获取反馈，并及时总结汇报

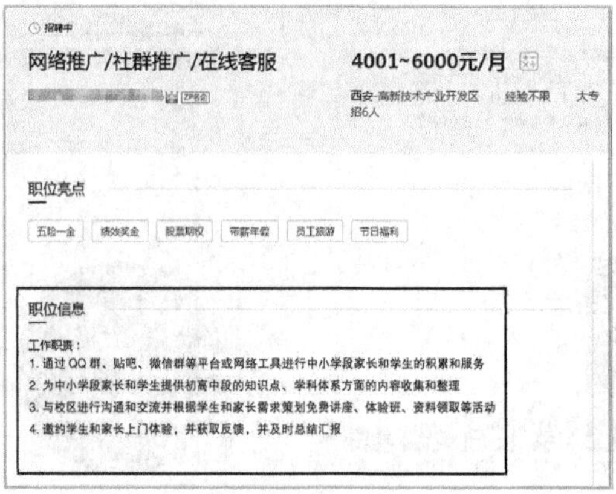

图 1 –9　新媒体客服待遇及岗位职责示例

第二层：新媒体编辑人员。

作为一名合格的新媒体编辑人员，不仅要掌握排版、美化等基本技能，还应该提升自身的内容编辑能力，内容编辑的范围包括内容生产和内容加工，新媒体编辑待遇及岗位职责如图 1 – 10 所示。

新媒体编辑 3k~5k元/月 全职

职位描述

岗位职责：

1. 新媒体矩阵（微信公众号、头条号、视频号、抖音及其他平台）内容日常更新维护、编辑撰写，挖掘优质相关热点话题及内容；

2. 网站、汉川网APP、汉川同城平台内容更新与维护；

3. 增加粉丝数，提高关注度和粉丝的活跃度，并及时与粉丝互动；

4. 紧跟自媒体发展趋势，广泛关注标杆性公众号，积极探索自媒体运营模式；

5. 收集、分析其他新媒体运营的优秀案例和数据，为公司新媒体运营策略提供有效依据。

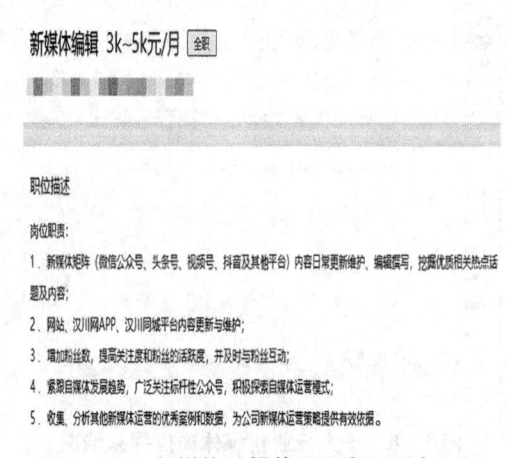

图 1 – 10　新媒体编辑待遇及岗位职责示例

第三层：运营推广人员。

新媒体运营（含活动运营、用户运营等）是新媒体工作的重点，对从业者的用户互动、热点把控、创意规划等能力要求很高，所以符合岗位需求且能力很强的人才是非常受重视的。新媒体运营的主要工作职责如下。

①负责公司新媒体整体运营。管理并运营公司微信、微博、知乎、贴吧等社会化媒体平台，负责日常发布内容的素材收集、内容策划、文案撰写。

②对新媒体营销及信息有深入的研究能力和敏锐的洞察力，有实操经验和

成功案例。

③快速响应社会、娱乐等网络热点话题，擅长借势造势，能够独立完成热点营销事件的策划和执行。

④建立有效的新媒体运营体系，提升用户的活跃度，增加品牌的知名度和美誉度。

⑤负责公司大项目的新媒体营销策划及执行统筹。

⑥负责新媒体关系拓展及商务合作等。

第四层：技术人员。

随着直播以及短视频的崛起，新媒体行业对能够熟练进行图文编辑排版、图片美化处理、音频效果改进、视频剪辑优化的技术人员的需求量不断增加。同时，很多企业也急需精通拍摄技巧、有独特的镜头运用能力的技术人员。

知识链接

一、新媒体人员未来发展前景

1. 跨学科

新媒体行业正在尝试引入心理学、计算机科学、经济学、法学等学科，培养具备跨学科知识和能力的复合型人才。

2. 跨行业

一定的行业知识有助于人才发挥自身优势，并推动行业发展，但弊端在于单一的行业知识会限制人的思维和行动，故需要引进其他行业的专业人才，融合其他行业的知识与能力。

3. 跨文化

"一带一路"倡议，更好地传播中国文化，构建国际认同，需要一批具备跨文化传播能力的国家级传播人才。跨文化沟通能力以及文化适应能力是适应未来媒介生态变化的基本素养。

4. 跨媒体

当前新媒体对人才的需求已经不局限于某一方面，要求从业者具备多学科、全媒体工作能力。传播技术的发展，不断催生新的传播形式与介质，快速掌握前沿传播技术的人才，必将成为未来传媒市场的宠儿。

二、新媒体运营人员能力结构

1. 设计能力

掌握 PS 和视频处理软件操作，能够独立完成平面设计和视频编辑。熟练应用微信编辑器、H5 制作软件等，能够将界面设计得简洁美观。

2. 写作能力

撰写原创文章，能够自成风格；可与其他大 V 进行流量置换、联合营销等活动，互推互利，跨界合作。

3. 营销能力

保证阅读量的稳步增长，无论是社群的运营还是产品的运营，保障"粉丝"的活跃度。

4. 活动策划

包含线上、线下，从策划到执行、发布，熟悉活动发布平台和宣传方式。

思政园地

新媒体从业者应具备的法律素养

随着新媒体时代的到来，媒体环境发生变化，个人成为信息传播的主体，各个媒介之间既有竞争又积极寻求融合，形成了新的大众传播环境。在新媒体环境下，每个人都能自由地进行观点陈述和意见表达。当然，言论自由并不是毫无限制的绝对自由。保护言论自由的同时也限制言论自由的滥用。首先，作为公民的我们是不得利用个人的言论自由来侮辱、诽谤他人的。其次，公民也不得利用个人的言论自由去教唆、煽动他人做出危害国家安全和利益、破坏民族的平等团结、败坏社会公德、扰乱社会秩序的行为。

在新环境下，新兴媒体产业快速发展，新媒体从业者也将面临前所未有的时代机遇与挑战。无论是新闻要求的真实性、时效性，还是现代媒体技术发展，文化与社会道德的深刻影响，都对新媒体从业者提出了相应的法律素质要求。传媒是推进公民社会自由与民主进程的有力武器，法治社会要求新媒体人具备坚定的媒介责任。新媒体人要自觉遵守法律法规的要求，树立法律意识，形成法治思维。

真实是新闻的生命，也是新闻的基本要求。习近平总书记要求新闻舆论工作者"要转作风改文风，俯下身、沉下心，察实情、说实话、动真情，努力推出有思想、有温度、有品质的作品。"而察实情、说实话，指的是新闻的真实性。新闻是对发生的事实的报道，因此，除了真实性，时效性也很重要。此外，随着技术的发展，新媒体带来了更加广阔的传播环境，甚至影响人们的生存和发展空间。手机和平板电脑之类的终端已经进入大众生活，这一现象成为社会进入现代媒介化的标志。因此，新媒体从业者要认真学习、熟悉现代传媒技术，达到较高的业务水平。

当前，互联网信息传播空前活跃，新媒体行业蓬勃发展，新媒体从业者要具备理性的、冷静的思考能力，在刺激受众兴趣点和媒介素养之间实现平衡，在信息出现时不断进行潜意识反思和筛选，考虑如何实现"长尾效应"。对于媒体从业者而言，媒体素养与职业道德对应，想要做好新闻工作就要对新闻报道的真实性负责，始终忠于公民、忠于受众，核实内容后再进行传播。而新闻工作者必须要独立于所报道的对象，做好权力的监督工作，采写重大事件时，内容要与公众密切相关，吸引公众关注，拥有趣味性，做到新闻的全面、平衡，从而实现真实报道，负起媒体人的责任。

任务实战

新媒体岗位职责工作单

【工作准备】

是否正常培训：（部门经理填）□到席　□请假　□旷工　原因：

是否遵守纪律：（部门经理填）□严格遵守　□迟到　□早退　□出位　□其他

检查电脑的完好性：□完好　□故障：报告值班经理并换机

【工作记录】

一、了解新媒体行业相关的招聘信息

步骤1：登录智联招聘，搜索新媒体行业相关的招聘信息。

记录搜索到的与新媒体相关的岗位：_____

步骤2：选出你心仪的岗位。

心仪的岗位：_____

步骤3：记录心仪岗位的职责要求、任职条件。

职责要求：_____

任职条件：_____

步骤4：对照心仪岗位的职责要求、任职条件，找出自己的优势和劣势。

将心仪岗位的职责要求、任职条件与自身的知识、技能进行对照，找出自己的优势和劣势。

优势：_____

劣势：_____

二、规划新媒体营销课程的学习任务

根据自身的劣势，规划本学期新媒体营销课程的学习任务。

任务一：_____

任务二：_____

任务三：_____

【工作结束】

数据整理及备份：□完成　□未完成

关机检查：　　　□正常　□强行关机　□未关机

整理桌面：　　　□完成　□未完成

地面卫生检查：　□完成　□未完成

整理椅子：　　　□完成　□未完成

任务评价

类别	序号	考核项目	考核内容及要求	优秀	良好	合格	较差
技术考评	1	质量	了解新媒体人才的四个层次				
	2		了解新媒体不同岗位的职责要求				
	3		对照心仪岗位的职责要求、任职条件，找出自己的优势和劣势				
	4		根据自身的劣势，规划本学期新媒体营销课程的学习任务				
非技术考评	5	态度	学习态度端正				
	6	纪律	遵守纪律				
	7	协作	积极参与团队合作与交流				
	8	文明	保持安静，清理场所				

🌞 任务拓展

任务说明：

1. 请再选出一个你比较心仪的新媒体岗位；
2. 记录这个岗位的岗位职责、任职条件；
3. 请指出你与该岗位任职条件之间存在的差距；
4. 根据自身的不足，规划本学期新媒体营销课程的学习任务。

项目二　微信营销

项目情境

利用微信开展营销是当下企业和网店采用的主流营销方式之一，其具有营销成本低、营销受众广等特点，能够以较低的投入获得较高的产出。常用的微信营销方式有微信公众号营销、微信朋友圈营销、微信社群营销。"小鲜范"是广西当地一家以销售芒果为主的淘宝店铺，店主小刘目前已经逐渐意识到掌握微信营销知识与技能的重要性。因此，他准备通过微信营销来进行店铺的推广和宣传。

学习目标

本项目旨在引导学生学习并掌握微信公众号营销、微信朋友圈营销、微信社群营销的相关知识与技能。通过本项目的学习，学生可以掌握微信营销的必备技能与知识，并将其应用于具体的营销实践。

项目导图

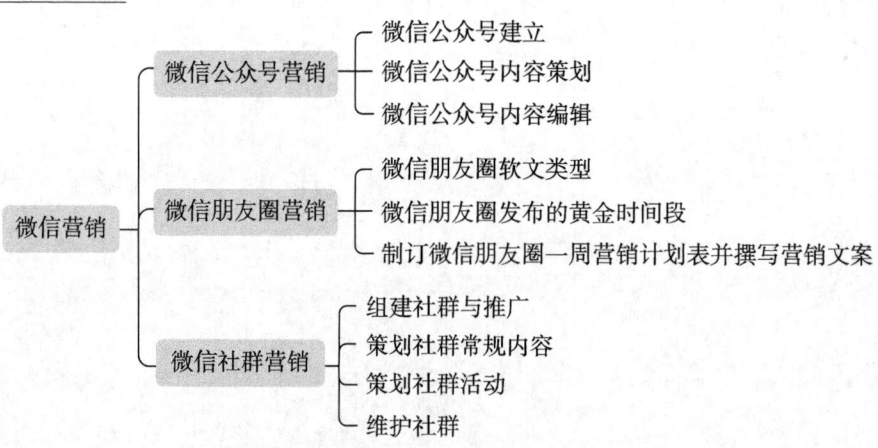

任务一　微信公众号营销

■ 微信扫一扫
■ 码上就能学

任务描述

随着自媒体的快速发展，微信已经成为当下非常热门的自媒体公众平台之一，微信公众号开始成为自媒体经营品牌、获得市场价值的重要渠道。微信公众号的品牌营销不仅为自媒体开发了深度用户，还在很大程度上增加了社群类营销获益的可能性。"小鲜范"是广西当地一家以销售芒果为主的淘宝店铺，店主小刘决定建立微信公众号，进行品牌营销。

任务目标

1. 了解常见公众号类型；
2. 掌握微信公众号的注册流程；
3. 能够实施微信公众号内容策划；
4. 能够编辑微信公众号内容；
5. 能够在微信公众号营销过程中遵循微信公众平台运营规范及相关的法律法规，践行社会主义核心价值观。

任务实施

一、微信公众号建立

1. 微信公众号定位

开展营销之前，需要对自身进行定位。建立微信公众号，首先需要明确公众号的定位，即公众号的类型。小刘需要结合自己的网店和产品特点，选择合适的公众号类型。

步骤1：了解常见公众号类型。

常见公众号类型有自媒体类、产品营销类、品牌营销类以及客户关系维护类。

自媒体类的公众号是根据自己的特长或专业进行内容编写，并将内容发布在微信平台上，如擅长经济分析，可以设立经济分析类的自媒体，如图2-1所示。

产品营销类的公众号，即为产品做营销推广的账号，该类公众号所发内容多为产品图文，为销售产品服务，如图 2-2 所示。

图 2-1 自媒体类公众号示例　　　图 2-2 产品营销类公众号示例

品牌营销类的公众号，一般是较大企业会采用的公众号定位类型，其目标是为企业品牌做宣传，如图 2-3 所示。

图 2-3 品牌营销类公众号示例

客户关系维护类公众号，其功能是承担企业或网店的客服，一些实体企业会采用这种微信公众号定位类型，图2-4为乌鲁木齐希尔顿酒店客户关系维护类公众号。

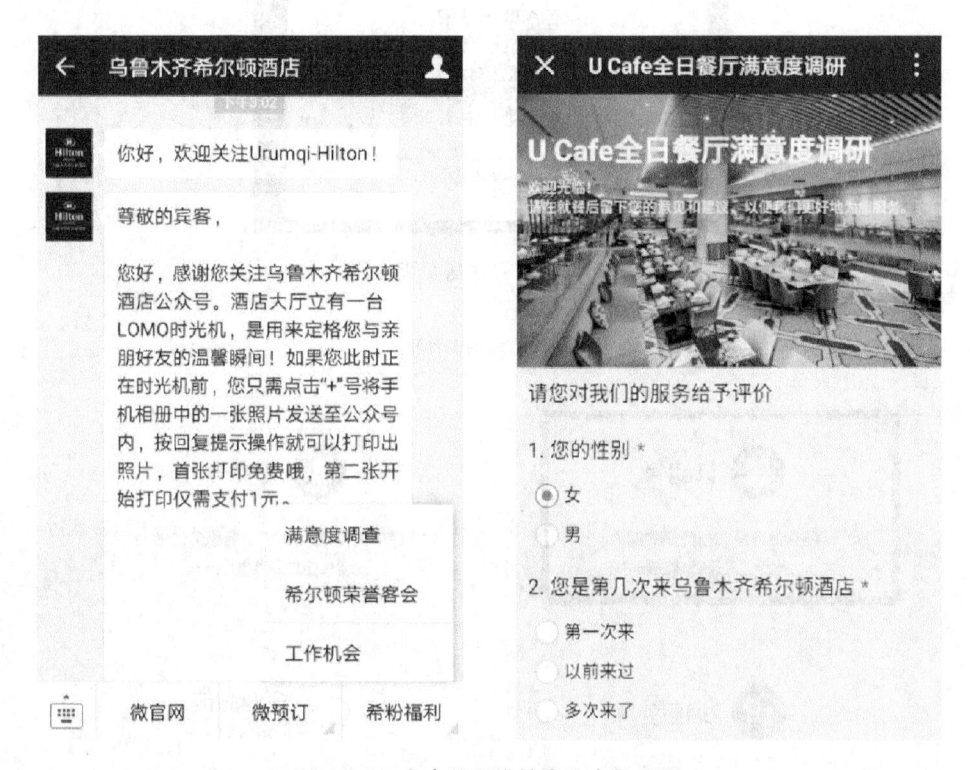

图2-4　客户关系维护类公众号示例

步骤2：确定公众号定位。

在了解了各类公众号的详细情况后，需要选择符合自己定位的公众号类型。小刘的网店主要销售广西当地的芒果，他要建立的公众号是以产品营销为目的，因此可以将其公众号定位为产品营销类公众号。

2. 微信公众号的注册

确定好公众号定位后，小刘需要申请开通公众号，具体步骤如下。

步骤1：注册账号。

通过电脑登录微信公众平台官网（https：//mp.weixin.qq.com），点击页面右上角的"立即注册"，如图2-5所示。

步骤2：选择账号类型。

在跳转页面选择注册账号类型，此处选择"订阅号"，如图2-6所示。

图2-5 账号注册页面截图

图2-6 账号类型页面截图

步骤3：填写信息。

依次填写邮箱、密码等信息，并勾选"我同意并遵守《微信公众平台服务协议》"，点击"注册"即可，如图2-7所示。

步骤4：选择账号类型。

根据跳转页面提示，选择中国大陆为注册地。选择之后，会跳转到选择账号类型页面，选择"订阅号"，如图2-8所示。

步骤5：信息登记。

选择账号主体类型"个人"后点击下一步。根据提示，填写身份证姓名、身份证号码、管理员手机号码等信息后点击"继续"，如图2-9所示。

图 2-7　填写注册信息页面截图

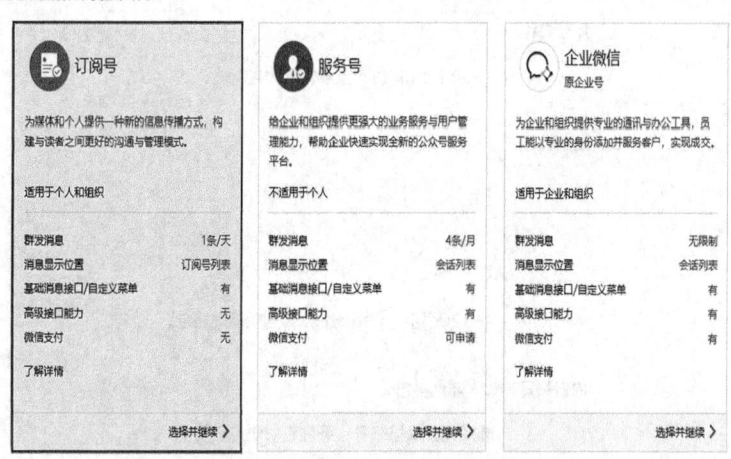

图 2-8　选择账号类型页面截图

步骤 6：完善公众号信息。

填写"账号名称""功能介绍",选择"运营地区",至此公众号注册前期的工作基本完成,点击"完成"即可,如图 2-10 所示。点击完成后会跳转至公众号平台首页,在该页面可以根据需要继续完善账号信息,例如,上传头像、功能设置、授权管理等。

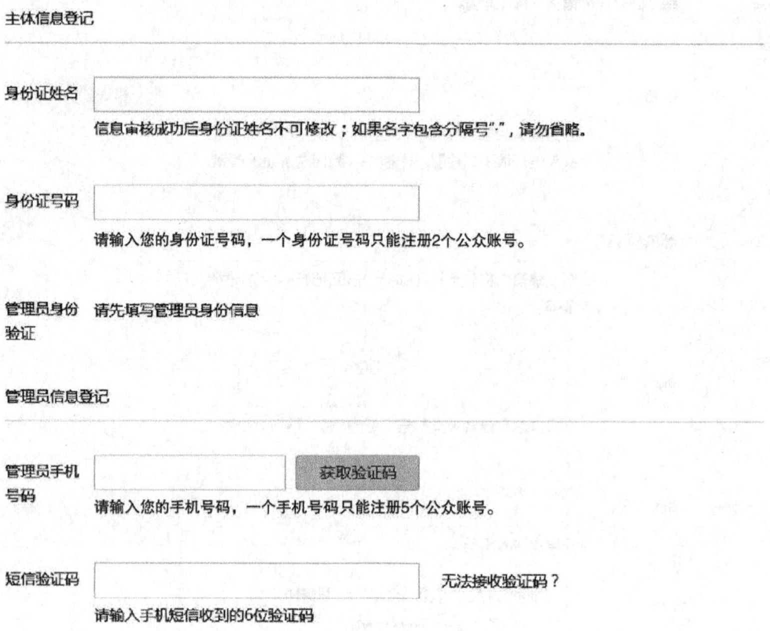

主体信息登记

身份证姓名　[　　　]
信息审核成功后身份证姓名不可修改；如果名字包含分隔号"·"，请勿省略。

身份证号码　[　　　]
请输入您的身份证号码，一个身份证号码只能注册2个公众账号。

管理员身份验证　请先填写管理员身份信息

管理员信息登记

管理员手机号码　[　　　]　[获取验证码]
请输入您的手机号码，一个手机号码只能注册5个公众账号。

短信验证码　[　　　]　无法接收验证码？
请输入手机短信收到的6位验证码

图 2-9　主体信息登记页面截图

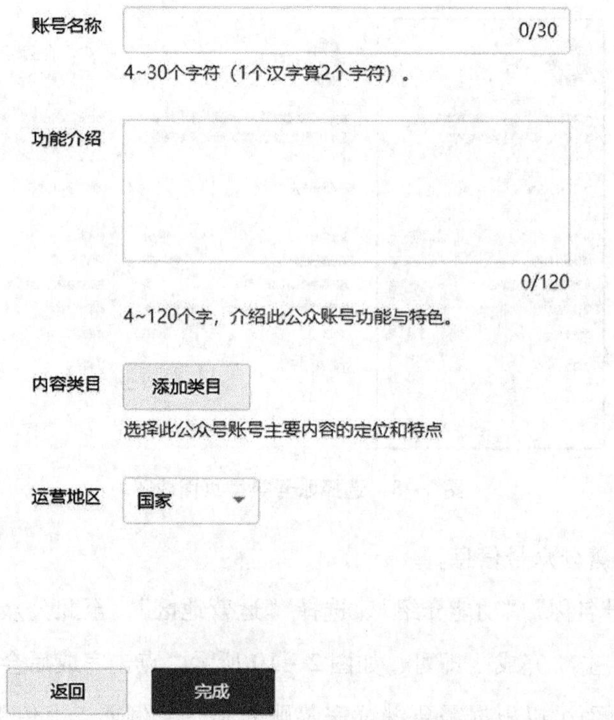

账号名称　[　　　　　　0/30]
4~30个字符（1个汉字算2个字符）。

功能介绍　[　　　　　　　　]
　　　　　[　　　　　　0/120]
4~120个字，介绍此公众账号功能与特色。

内容类目　[添加类目]
选择此公众号账号主要内容的定位和特点

运营地区　[国家 ▼]

[返回]　[完成]

图 2-10　公众号信息页面截图

至此，微信公众号成功开通，接下来小刘需要进行微信公众号内容策划。

二、微信公众号内容策划

1. 微信公众号内容选题策划

小刘在保持选题与定位一致的基础上，通过以下三个步骤进行了微信公众号内容的选题策划。

步骤1：确定受众。

小刘在为"小鲜范"店铺公众号进行功能定位时，将其定位为产品营销类公众号，所发内容多为产品图文，为销售产品服务。很显然，"小鲜范"店铺公众号的受众为喜爱广西芒果的消费者。

步骤2：确定选题类型。

小刘需要了解微信公众号内容选题常见的三种类型：常规选题、热点选题、系列专题（详细介绍参见本任务知识链接部分的内容），然后根据这三种选题类型的特点以及产品特性确定选题类型，如广西芒果的营销可以选择系列专题。

步骤3：确定选题。

小刘在进行这步操作时，需要结合以下两项，确定最终选题。

话题：可操作性、时效性、话题性、传播性。选题要尽量选择正在发生的、将要发生的以及刚发生不久的事件等，且在受众群体中具有一定的话题性和传播性。

主体：相关性、价值观。选题要与公众号定位一致，符合公众号要树立的价值理念。

结合以上两项，小刘决定将选题确定为喜爱广西芒果的消费者所关心的产品和品牌知识的传播，通过微信公众号向消费者传递"小鲜范"芒果的成长环境、口感、价格、促销活动等。

至此，通过以上步骤，小刘完成了微信公众号内容选题策划的操作。

2. 微信公众号内容策划实施

微信公众号内容选题策划完成之后，小刘通过以下六个步骤实施微信公众号内容策划。

步骤1：明确产品定位。

结合网店产品，挖掘产品的特色与卖点。如"小鲜范"店铺经营的产品主要是广西芒果，其具有爆甜多汁、果香浓郁等特点。

步骤2：了解用户群。

针对网店的产品，需要对用户行为进行分析，摸清用户画像及其特点。如利用百度指数对产品芒果进行用户群定位，会发现芒果的用户群年龄分布主要集中在30～39岁，如图2－11所示；女性比例稍高于男性，如图2－12所示。因此在营销内容策划时，要重点针对这部分人群展开。

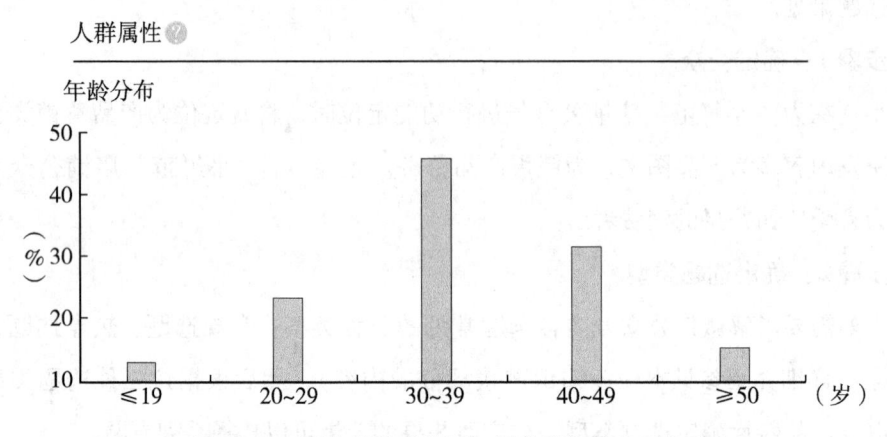

图2－11 百度指数"芒果"用户群年龄分布示例

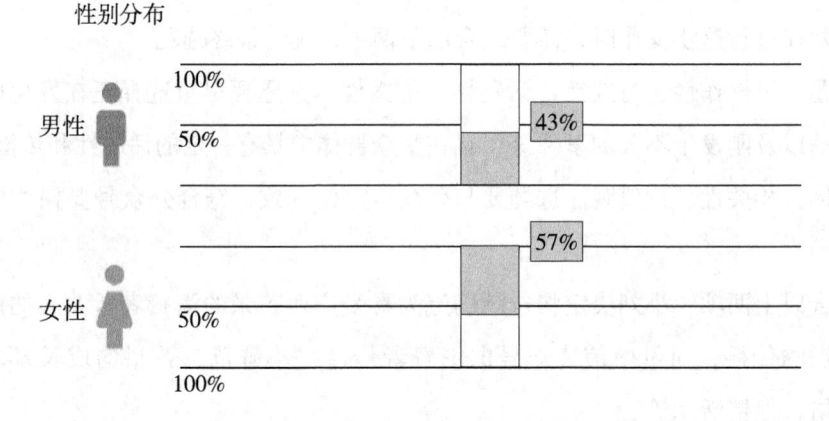

图2－12 百度指数"芒果"用户群性别分布示例

步骤3：确定内容类型。

微信公众号的内容类型包括图文消息、文字、图片、语音和视频。其中，图文消息和视频是广泛采用的两种类型。小刘根据需要选择"图文消息"进行内容编辑。

步骤4：确定内容表现形式。

常见的内容表现形式有四种：经验型内容、功效型内容、体验型内容以及新闻型内容。其中,经验型内容为向用户传授经验的图文,如《如何编写微信图文内容》;功效型内容主要提供产品介绍、产品使用方法,如《15秒速热电热毯,让你冬天不再怕冷》;体验型内容讲述自己使用某产品的过程、取得的功效以及使用的经验,如《快速上手剪映专业版》;新闻型内容紧扣社会热点、最新行业动态等,如《NBA赛事新动向》。

在了解了内容表现形式后,小刘通过用户分析确定公众号内容表现形式。例如,很多人对芒果的成长环境并不是很了解,那么网店的推广内容就可以定位为体验型内容。

步骤5:确定内容风格。

确定内容风格即确定图文等的整体呈现效果,如平述、幽默、严肃、抒情等。小刘需要结合店铺公众号的定位和选题等进行内容风格的确定。如网店的推广内容是芒果的相关分享和介绍,可以采用平述的描述风格。

步骤6:确定推送时间。

小刘首先要了解合适的推送时间段,如图2-13所示,然后确定推送时间。

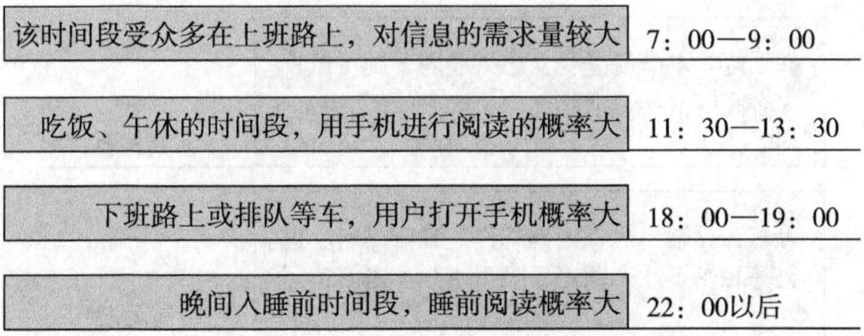

该时间段受众多在上班路上,对信息的需求量较大	7:00—9:00
吃饭、午休的时间段,用手机进行阅读的概率大	11:30—13:30
下班路上或排队等车,用户打开手机概率大	18:00—19:00
晚间入睡前时间段,睡前阅读概率大	22:00以后

图2-13 合适的推送时间段

确定推送时间后,小刘就完成了微信公众号内容策划实施的整体操作,接下来,他需要根据策划结果进行微信公众号内容编辑的操作。

三、微信公众号内容编辑

1. 微信公众号文章标题撰写

微信公众号文章标题撰写,是微信公众号内容编辑的重要一环,好的标题能够吸引用户点击并进入阅读,小刘通过以下步骤,来进行微信公众号文章标题的撰写。

步骤1:登录今日头条查看热门搜索并学习高阅读量标题。

今日头条的特点是实时推送新闻热点，而且能够根据用户需要进行个性化推荐。进入今日头条首页，查看并学习热门阅读量标题，并进行总结记录。

步骤2：撰写微信公众号文章标题。

在学习高阅读量标题后，撰写微信公众号文章标题。在撰写时，可以借鉴图2-14所示的技巧。最终小刘确定微信公众号文章的标题为"走进广西百色，来一场芒果的探寻之旅"。

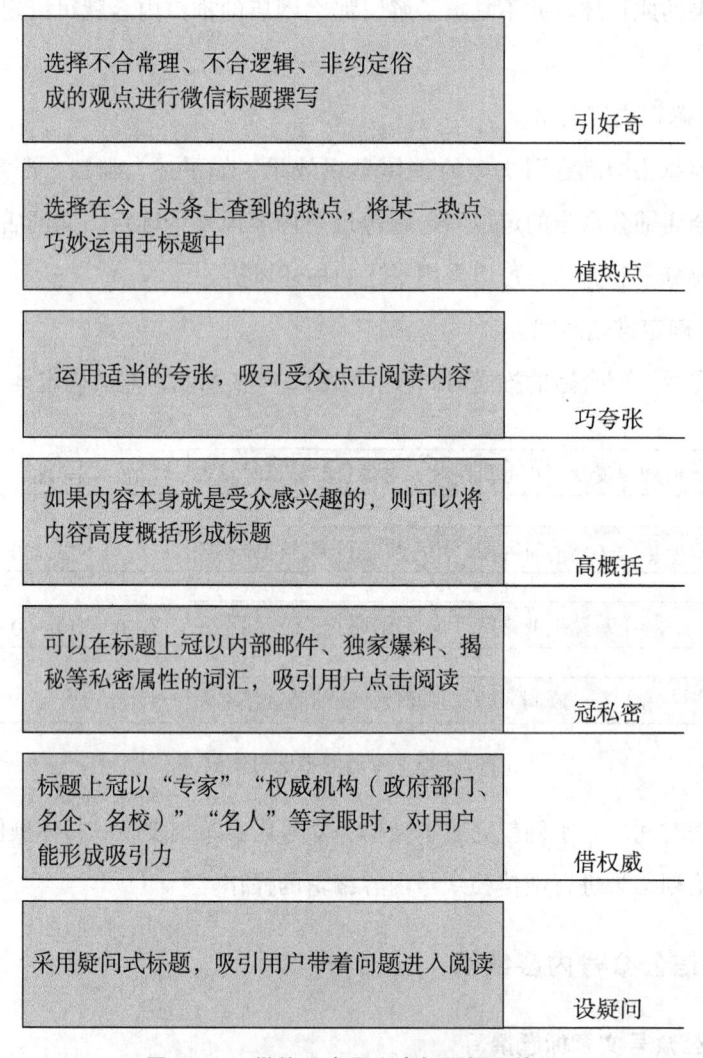

技巧描述	类型
选择不合常理、不合逻辑、非约定俗成的观点进行微信标题撰写	引好奇
选择在今日头条上查到的热点，将某一热点巧妙运用于标题中	植热点
运用适当的夸张，吸引受众点击阅读内容	巧夸张
如果内容本身就是受众感兴趣的，则可以将内容高度概括形成标题	高概括
可以在标题上冠以内部邮件、独家爆料、揭秘等私密属性的词汇，吸引用户点击阅读	冠私密
标题上冠以"专家""权威机构（政府部门、名企、名校）""名人"等字眼时，对用户能形成吸引力	借权威
采用疑问式标题，吸引用户带着问题进入阅读	设疑问

图2-14 微信公众号文章标题撰写技巧

2. 微信公众号图文编辑

微信公众号文章标题撰写完成之后，小刘通过以下七个步骤，完成了微信公众号图文消息的编辑和发布。

步骤 1：登录微信公众号，点击页面中间的"新建群发"按钮，如图 2 – 15 所示。

图 2 – 15　点击进入群发功能页面截图

步骤 2：依次在编辑框中输入标题、作者、正文，如图 2 – 16 所示。

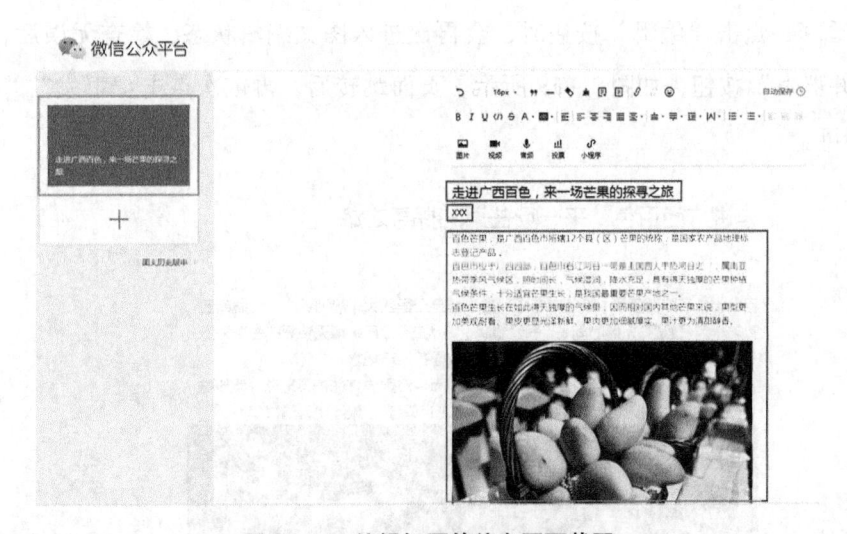

图 2 – 16　编辑标题等信息页面截图

步骤 3：为文章设置封面。封面可以"从正文选择"，也可以"从图片库选择"，如图 2 – 17 所示。这里，小刘从正文中选择好了封面。

步骤 4：封面图片设置完成后，可点击"保存""预览""保存并群发"，小刘暂且点击"保存"按钮。

步骤 5：保存好已经编辑的图文消息后，返回公众号首页，在"最近编辑"选项中找到编辑好的图文消息，此时通过点击图文信息右边的"编辑"或"群发"按钮，对图文消息进行相关操作，如图 2 – 18 所示。

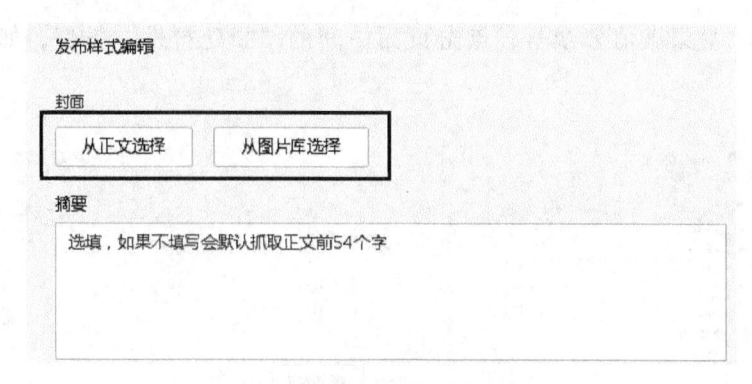

图 2-17 设置封面页面截图

图 2-18 查看图文消息页面截图

步骤 6：点击"编辑"按钮时，会再次进入图文编辑状态，检查无误后，点击"保存并群发"按钮，如图 2-19 所示。页面跳转后，再依次点击"群发""确定"按钮即可。

图 2-19 图文编辑页面截图

步骤 7：管理员账号扫描如图 2-20 所示二维码，进行验证。验证成功后，会在微信公众号首页出现已发消息记录，至此微信公众号图文消息发布成功。

图 2-20 操作验证页面截图

> 📘 **知识链接**

微信公众号内容选题类型

1. 常规选题

常规选题有三种选题来源：日常积累、借鉴爆款、紧跟同行。

日常积累是指从身边的人和事、每天阅读的文章和热门社区入手，看到合适的就归纳进选题库中，最重要的是养成随时随地发现选题的习惯，把日常积累过程变成工作流程的一部分，如每天早上可以逛一下知乎、豆瓣、微博、今日头条等，收集 3~5 个选题备用。

借鉴爆款是指从朋友圈的爆文出发找灵感，把每次刷屏的 10 万+爆文收集起来，分析其选题和标题，有一些好的文章选题，是能够跨越行业和领域限制的。

紧跟同行，关注同行们过去做过哪些比较好的选题，可以为写作提供很多灵感。不用担心同行写过了，便不能再写，很多选题都是隔一段时间就会爆发一次，重要的是能够体现出个人风格。而且同行验证过会火的选题，只要稍微将内容进行丰富，同样会带来很多阅读量。还可以去收集各种账号的精华目录、爆款目录进行参考。

2. 热点选题

热点选题的爆发力是巨大的，甚至是无法估量的，这是非常好的选题来源之一。

热点选题切入的角度最重要，在具有争议的地方可以进行特写。对于热点而言，要"透过热点看原理"：这个热点事件的反面有哪些故事？如果写文章时经常贯穿于各种"常理"中，久而久之便会失去新意。

因此，试着跳出里面的某条道理，关注它的反面，例如，还有什么未被讲出的背景故事，如果某个热点还有哪些没有被讲出的故事，便可以借此构思新选题。有一些热点是突发的，也有一些热点是可预期的，就像各种节日庆典。针对这些可预期的热点，就需要提前做好准备，进行选题策划。

3. 系列专题

一般来说，要把系列选题做成一个公众号的品牌产品，做对用户最有价值和帮助的内容。公众号阅读的最大缺点就是碎片化，为了追求新鲜刺激，每天都在变，用户很难构建系统的知识体系，做系列专题可以对此有所弥补。

思政园地

微信公众平台运营人员的自我修养

腾讯《2017微信数据报告》以及第42次《中国互联网络发展状况统计报告》显示，微信公众平台用户和手机网民数量的提升，给微信公众平台的发展提供了不可估量的动力。人们的生活方式、交流方式和思维方式受到微信公众平台的巨大影响。随着微信公众平台的不断发展以及微信公众平台用户数的持续增长，微信公众平台已经深入我们社会生活的各个领域。与此同时，部分微信公众号运营人员法律道德意识淡薄，缺乏诚信意识、侵犯他人权利、推崇利益至上，微信公众号的质量良莠不齐，使得微信公众平台用户逐渐对微信公众号的内容失去了信心和兴趣。

微信公众号的质量直接受到微信公众平台运营人员自身的传媒伦理素养的影响。因此，学习相关的专业知识、传媒伦理、运营与管理是运营人员在维系日常更新之外必须要做的事情。运营人员需要对自身的微信公众号的定位与道德要求有准确的认识，同时也要提升自己文化水平和自律意识。运营人员不能为了盲目逐利而追求高关注、高阅读量，只有提升微信公众平台运营人员的自律意识才能在一定程度上防止伦理失范问题的产生。

除自律意识以外，守法意识对于微信公众平台运营人员也十分重要。运营人员的守法意识不仅会对自身权益形成保护,也有利于自身公众号的长远发展。"内容为王"是优质微信公众号的发展途径,内容为王是指传播优质、真实的内容。这既是微信公众平台运营人员的责任也是他们的义务。在提升自律意识的同时,也应当加强自身的版权意识,强化自身在发展中的责任与义务。

任务实战

微信公众号营销工作单

【工作准备】

是否正常培训:(部门经理填) □到席　□请假　□旷工　原因:

是否遵守纪律:(部门经理填) □严格遵守　□迟到　□早退　□出位　□其他

检查电脑的完好性:□完好　□故障:报告值班经理并换机

【工作记录】

一、微信公众号建立

1. 确定微信公众号定位

常见公众号类型:_____

小刘对公众号定位:_____

2. 微信公众号注册

步骤1:登录微信公众平台官网(https://mp.weixin.qq.com)。

步骤2:选择注册账号类型。

此处选择的注册账号类型:_____

步骤3:依次填写邮箱、密码等信息,点击"注册"即可。

步骤4:选择账号类型。

步骤5:选择账号主体类型,完成信息登记。

此处选择的账号主体类型:_____

步骤6:完善公众号信息,填写"账号名称""功能介绍""运营地区"。

账号名称:_____

功能介绍:_____

运营地区:_____

二、微信公众号内容策划

1. 微信公众号内容选题策划

步骤1：确定受众。

"小鲜范"店铺公众号的受众：_____

步骤2：确定选题类型。

小刘选择的选题类型：_____

步骤3：确定选题。

小刘将选题确定为：_____

2. 微信公众号内容策划实施

步骤1：明确产品定位。

"小鲜范"店铺经营的芒果产品的特点：_____

步骤2：了解用户群。

芒果的消费群体年龄分布主要集中在_____，性别分布_____

步骤3：确定内容类型。

小刘选择的内容类型：_____

步骤4：确定内容表现形式。

小刘为网店的推广内容选择的内容表现形式：_____

步骤5：确定内容风格。

小刘采用的内容风格：_____

步骤6：确定推送时间。

小刘选择的推送时间：_____

三、微信公众号内容编辑

1. 微信公众号文章标题撰写

步骤1：登录今日头条查看热门搜索并学习高阅读量标题。

今日头条热文标题特点：_____

步骤2：撰写微信公众号文章标题。

小刘确定微信公众号文章的标题：_____

2. 微信公众号图文编辑

步骤1：登录微信公众号，点击"新建群发"按钮，选择"自建图文"。

步骤2：依次在编辑框中输入标题、作者、正文。

步骤3：为文章设置封面。

小刘从哪里选择了封面：_____

步骤4：封面图片设置完成后，可点击"保存""预览""保存并群发"。

步骤5：返回公众号首页，在"最近编辑"选项中找到编辑好的图文消息，进行"编辑"或"群发"。

步骤6：点击"编辑"按钮，再次进入图文编辑状态，检查无误后，点击"保存并群发"按钮。

步骤7：管理员账号扫描二维码，进行验证。验证成功后，微信图文消息发布成功。

【工作结束】

数据整理及备份： □完成　　□未完成

关机检查：　　　 □正常　　□强行关机　　□未关机

整理桌面：　　　 □完成　　□未完成

地面卫生检查：　 □完成　　□未完成

整理椅子：　　　 □完成　　□未完成

任务评价

类别	序号	考核项目	考核内容及要求	优秀	良好	合格	较差
技术考评	1	质量	了解常见公众号类型				
	2		掌握微信公众号建立的流程				
	3		能够实施微信公众号内容策划				
	4		能够编辑微信公众号内容				
非技术考评	5	态度	学习态度端正				
	6	纪律	遵守纪律				
	7	协作	积极参与团队合作与交流				
	8	文明	保持安静，清理场所				

任务拓展

任务说明：

1. 店铺设定：广西特产零食店铺；

2. 请为一家广西特产零食店铺建立微信公众号、策划并编辑微信公众号内容；

3. 根据店铺的实际情况，选择合适的公众号类型；

4. 依据微信公众平台运营规范，策划微信公众号内容。

任务二　微信朋友圈营销

任务描述

小刘计划在微信朋友圈做为时一周的芒果营销。小刘自己也是微信朋友圈的用户，深知过于直白的营销没有任何效果，于是他从软文和朋友圈发布的黄金时间段开始入手，制订了微信朋友圈一周营销计划。

任务目标

1. 了解微信朋友圈软文类型；

2. 能够撰写微信朋友圈不同类型的软文文案；

3. 了解微信朋友圈发布的黄金时间段；

4. 能够制订微信朋友圈营销一周计划；

5. 能够撰写微信朋友圈营销文案，并按照朋友圈一周营销计划发布内容；

6. 在内容发布的过程中，能遵守相关法律法规以及平台规则，并坚持分享正能量的内容。

任务实施

一、微信朋友圈软文类型

微信的用户量大、使用率高，而用微信朋友圈来记录、分享自己的生活日常也已经成为大多数人的习惯，即使是不爱发朋友圈的人，在空闲时也会刷一刷朋友圈来获取各方面的信息，因此小刘想利用朋友圈为自己的水果网店做营销。小刘知道过于赤裸的营销文案很容易引起阅读者的反感，所以他在文案上下功夫，以芒果为例，撰写并发布了不同类型的软文。

1. **科普型**

芒果是一款国民喜爱度很高的水果，但鲜少有人说得清芒果的品种及各自的特点。今天小刘就来为广大芒果"粉丝"画重点,来看看芒果的常见品种及各自的特点,以后就不用为挑选芒果发愁啦!如图2-21所示。

2. 鸡汤型

人的一生就像这一树的芒果,能从青涩的绿到耀眼的黄,是因为能挺得过酷暑寒冬;能从酸涩到香甜,是因为能忍得了虫咬鸟啄。如图2-22所示。

图2-21 科普型文案示例　　图2-22 鸡汤型文案示例

3. 故事型

喜欢吃芒果的小伙伴应该知道广西百色有很多优质的芒果,但据说芒果的原产地是印度。印度人最早发现的野生芒果树含有大量的漆酚物质,所以不能食用。他们对芒果进行培育栽种,最后培育出人可以食用的芒果。今天在印度的佛教和印度教的寺院里都能见到芒果树的叶、花和果实的图案,这就是芒果源于印度的最好证明。如图2-23所示。

4. 搞笑型

请问朋友圈的小伙伴们,水果界最没空的水果是哪个呢?答:当然是芒(忙)果啦!如图2-24所示。

二、微信朋友圈发布的黄金时间段

发布微信朋友圈的时间也很有学问,如何让自己发布的内容最大限度地让别人看到,小刘做了研究,摸索出了4个发布微信朋友圈的黄金时间段。

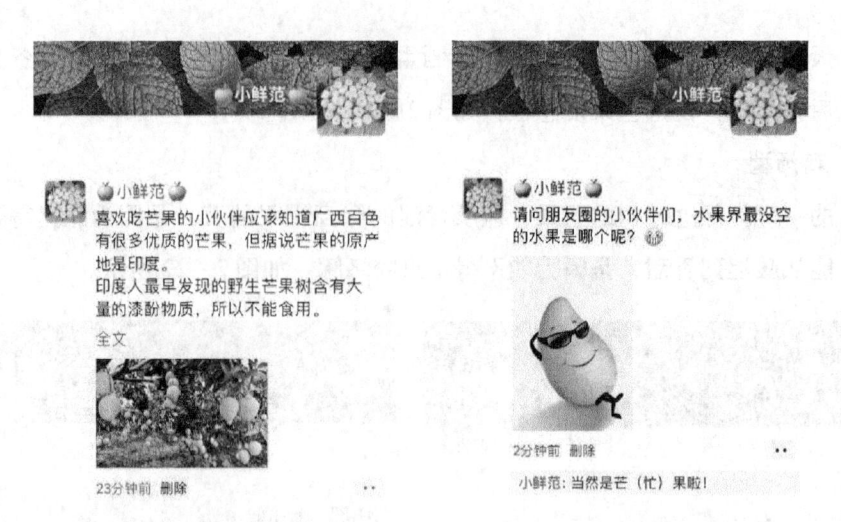

图 2－23　故事型文案示例　　　　　图 2－24　搞笑型文案示例

1. 早上 7：30—9：00

这个时间段有很多上班族正在搭乘公交、地铁，或者是在吃早餐，能抽空刷一下朋友圈。

2. 中午 11：30—13：00

这是午饭和午休的时间段，很多人会有一边吃饭一边看手机的习惯，午饭后也有较长的时间使用手机消遣。

3. 下午 16：30—18：00

这个时间段临近下班，多数人经过一天的工作会觉得疲惫或者稍微有饥饿感，精神处于比较不集中的状态，会使用手机打发一下时间。

4. 晚上 20：00—23：00

这个时间段属于饭后和睡前的个人休闲时间，很多人会在这个时间段躺在沙发上玩手机来放松。

三、制订微信朋友圈一周营销计划表并撰写营销文案

小刘挑选了芒果作为下周的朋友圈营销商品，他根据朋友圈发布的黄金时间段和不同类型的软文制定了微信朋友圈一周的营销内容发布计划（见表 2－1）。由于小刘的微信号本身的定位就是营销号，所以在内容的发布上，可采取上述提及的科普型、鸡汤型、故事型、搞笑型的软文和直白的营销文案的形式。这样既不容易引起别人的反感，又能让人直接获取营销信息。

为了把营销做到循序渐进，小刘把直白的营销文案分为了产品调查、上新预告、

抽奖福利、抽奖公布、产品发布几项内容，如图 2-25 至图 2-29 所示。

表 2-1　　　　　　　　　　微信朋友圈一周营销计划

发布时间	周一	周二	周三	周四	周五	周六	周日
7:30—9:00	鸡汤型软文	鸡汤型软文	搞笑型软文	鸡汤型软文	搞笑型软文		
11:30—13:00		上新预告	抽奖福利		故事型软文	产品发布	产品发布
16:30—18:00	产品调查	科普型软文	故事型软文	科普型软文		故事型软文	科普型软文
20:00—23:00		上新预告	抽奖福利	抽奖福利	抽奖公布		

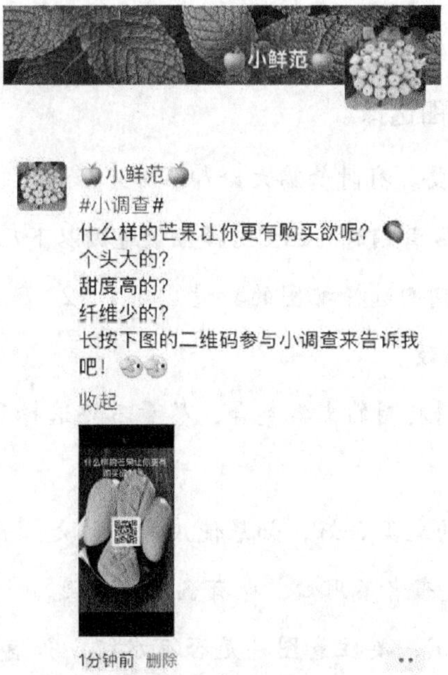

图 2-25　产品调查示例

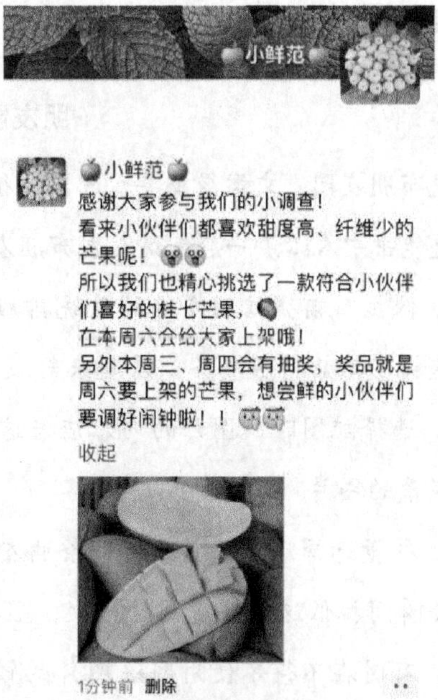

图 2-26　上新预告示例

每天发朋友圈的数量最好控制在 2~4 条，少了别人没有印象，多了又招人反感。朋友圈发布之后需要注重与好友的互动，多关注谁在点赞，谁在评论，并及时回复这些点赞和评论，必要时可以进行私聊沟通。多互动才能建立信任，先建立信任再去营销，这才是真正有效的微信朋友圈营销方法，千万不要觉得发完朋友圈就万事大吉了。

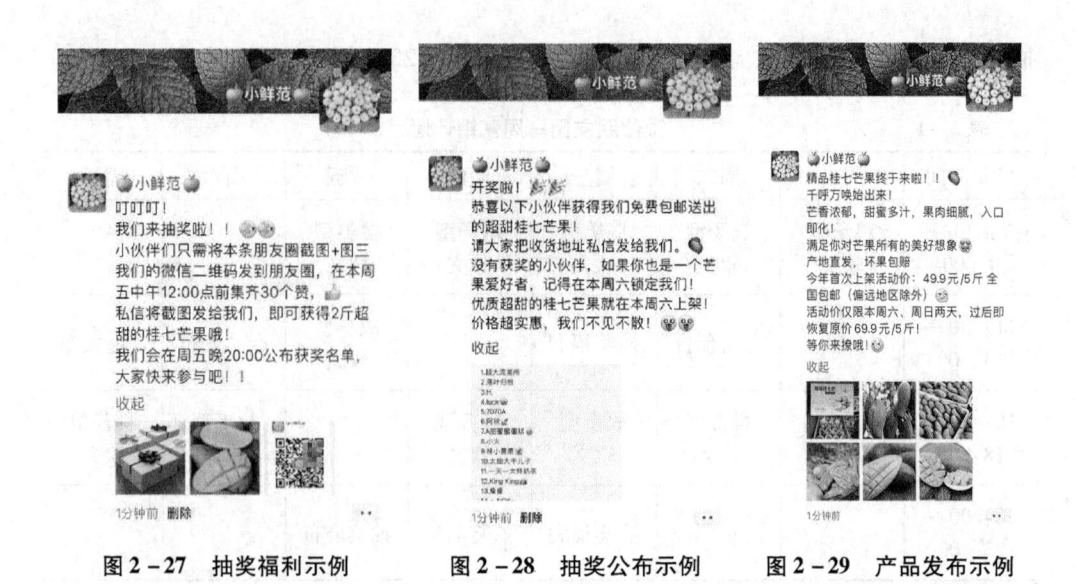

图 2-27 抽奖福利示例　　图 2-28 抽奖公布示例　　图 2-29 产品发布示例

知识链接

朋友圈配图选择

发布朋友圈，文案很重要，配图也很重要。有时长篇大论却不如一张合适、生动的图更能击中人心。一般来说，发布朋友圈做营销时的配图选择应该遵循以下几点：

1. 依据目前微信朋友圈的系统排版，我们选择配图的数量应为 1、2、3、6、9 张，这样发布后排版整齐，看起来舒服而精致。

2. 选择配图时，图片的内容应与这条朋友圈的文案契合，尽量不要选择和文案毫无联系的图片。

3. 尽量选择清晰的图片。一条朋友圈的文案再好，如果使用的图片是模糊不清的，会瞬间拉低这条朋友圈的档次，显得发布者不用心，也有盗图的嫌疑。

4. 有时在不得不使用网络图片的情况下，要注意图片是否有水印，如有水印，多数会涉及版权问题，要谨慎使用。

思政园地

微信朋友圈使用规范（内容规范部分）

微信朋友圈内的发布内容需要遵守相关法律法规及腾讯协议规则的规定。发布内容如涉及违反相关规定，一经发现将根据违规程度对微信用户采取相应的处理措施。

1. 侵权或侵犯隐私类内容

主体侵权：擅自使用他人已经登记注册的企业名称或商标等。

内容侵权：未经授权发布他人原创文章，侵犯他人知识产权等。

2. 暴力内容

散播人或动物被杀、致残以及枪击、刺伤、拷打等受伤情形的真实画面；出现描绘暴力或虐待儿童等内容。

3. 赌博类内容

发送组织聚众赌博、出售赌博器具、传授赌博技巧、方式、方法等内容。

4. 危害平台安全内容

发送钓鱼网站等信息，诱使用户上当受骗蒙受损失；发送病毒、文件、计算机代码或程序，可能对微信消息发送服务的正常运行造成损害或中断。

5. 涉黑类内容

发送替人复仇、收账等具有黑社会性质的信息；雇用、引诱他人从事恐怖、暴力等活动；拉帮结派，招募成员，对社会秩序构成潜在危害的内容。

6. 非法物品类内容

包括但不限于买卖发票；出售假烟、假币、赃物、走私物品等内容。

7. 广告类内容

欺诈虚假广告类：以骗取钱财为目的的欺诈广告等。

非法物品及违法广告类：出售假烟、假币、赃物、走私物品等。

8. 不实信息类内容

本规则所称的不实信息，指由微信用户等主体编造、转发、传播的虚构事实、隐瞒真相等信息。

9. 诱导分享、诱导关注类内容。

10. 其他涉及违法违规或违反相关规则的内容。

任务实战

微信朋友圈营销工作单

【工作准备】

是否正常培训：（部门经理填）□到席　□请假　□旷工　原因：

是否遵守纪律：（部门经理填）□严格遵守　□迟到　□早退　□出位　□其他

检查电脑的完好性：□完好　□故障：报告值班经理并换机

【工作记录】

一、微信朋友圈软文撰写

任务说明：

小刘选择百香果作为下一期朋友圈营销的商品，请你帮他完成关于百香果不同类型的软文撰写：

步骤1：选定好要撰写的几种软文类型（科普型、鸡汤型、搞笑型、故事型）。

步骤2：搜索相关资料并整理写作思路。

步骤3：开始撰写。

1. 科普型：_____
_____
_____
_____

2. 鸡汤型：_____
_____
_____
_____

3. 搞笑型：_____
_____
_____
_____

4. 故事型：_____
_____
_____
_____

二、制订微信朋友圈一周营销计划

任务说明：

请你根据朋友圈发布的黄金时间段和不同类型文案，以百香果为营销商品，帮小刘制定微信朋友圈一周的营销内容发布计划，并完成下表。

表 2-2　　　　　　　　百香果微信朋友圈一周营销计划

发布时间	周一	周二	周三	周四	周五	周六	周日
7：30—9：00							
11：30—13：00							
16：30—18：00							
20：00—23：00							

三、撰写营销文案

任务说明：

请你帮小刘撰写关于百香果的产品调查、上新预告、抽奖福利、抽奖公布、产品发布的营销文案，每条朋友圈需图文结合，最后发布并截图。

步骤1：撰写营销文案。

步骤2：搜索适合每条文案的配图。

步骤3：发布并截图。

1. 产品调查截图

2. 上新预告截图

3. 抽奖福利截图

4. 抽奖公布截图

5. 产品发布截图

【工作结束】

数据整理及备份： □完成　□未完成

关机检查： □正常　□强行关机　□未关机

整理桌面： □完成　□未完成

地面卫生检查： □完成　□未完成

整理椅子： □完成　□未完成

任务评价

类别	序号	考核项目	考核内容及要求	优秀	良好	合格	较差
技术考评	1	质量	了解微信朋友圈软文类型				
	2		能够撰写微信朋友圈不同类型的软文文案				
	3		了解微信朋友圈发布的黄金时间段				
	4		能够制订微信朋友圈一周营销计划				
	5		能够撰写微信朋友圈营销文案，并按照朋友圈一周营销计划发布内容				
非技术考评	6	态度	学习态度端正				
	7	纪律	遵守纪律				
	8	协作	积极参与团队合作与交流				
	9	文明	保持安静，清理场所				

任务拓展

任务说明：

1. 搜索相关资料，思考总结还有哪些类型的软文；
2. 选出另外两种软文类型，并以六堡茶为例，撰写两条微信朋友圈软文。

任务三 微信社群营销

■ 微信扫一扫
■ 码上就能学

任务描述

微信拥有广大的用户群体，使用微信平台开展营销可利用广泛的流量增加客户数量，小刘打算通过建立社群，做好新老客户的维护，并及时处理售前、售后等问题，从而增加客户黏度，提高转化率。

任务目标

1. 了解建立社群的方式；
2. 了解微信社群营销的技巧；
3. 掌握微信社群维护方法；
4. 能够根据店铺需求建立不同类型的社群；
5. 能够通过内容及活动维护社群。

任务实施

一、组建社群与推广

不同的社群承担的功能职责不一样，如创业群、会员群、购物群等，满足人们的不同需求。小刘这里主要是针对客户提供商家活动资讯、咨询和售后服务等，可以定位为建立会员社群，并针对会员特点策划社群内容和活动，具体操作如下：

步骤1：建立会员社群。

步骤1.1：进入微信首页，点击右上角"＋"符号，选择"发起群聊"，进入选择联系人界面，利用搜索工具找到已添加的会员微信，选择加入群的会员，选择完毕点击右下角"完成"按钮，如图2-30所示。

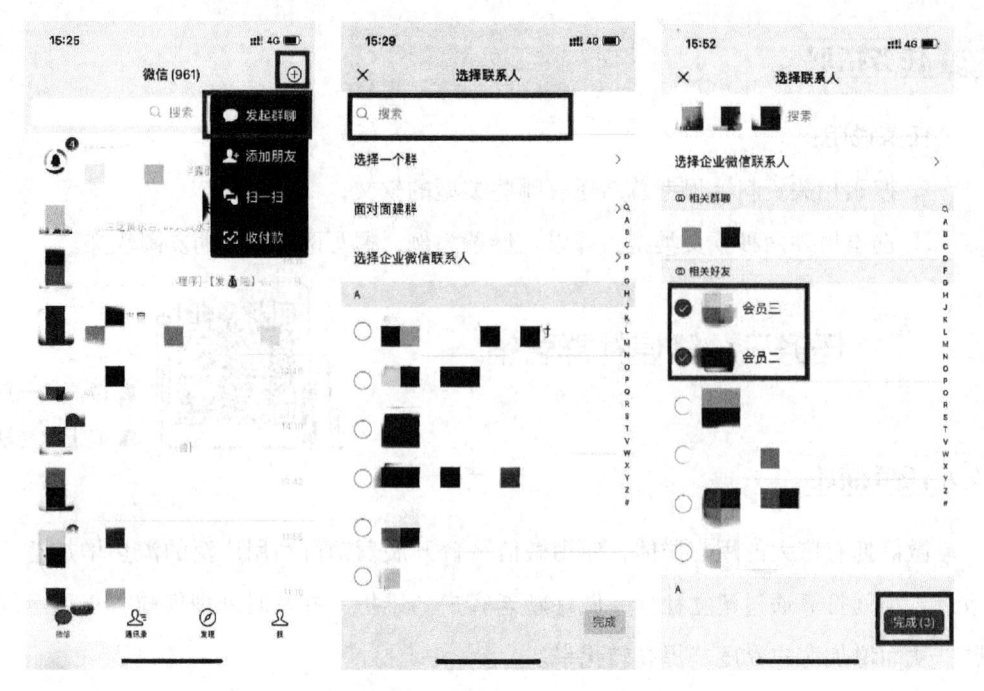

图 2-30　建立社群界面截图

步骤 1.2：进入群信息编辑界面，修改群聊名称，通过右上角的"+"邀请会员或者以发送二维码的方式让更多会员加入，如图 2-31 所示。

图 2-31　修改群聊名称、邀请会员入群二维码界面截图

步骤2：推广社群，扩大群成员量。

一般来说，社群刚建立，群内成员较少，要通过各种方式，如线上好友分享推荐、线下店铺加群优惠等推广社群，吸引和开发新客户，添加新会员，提高群内成员活跃度。社群推广可简单分为线上和线下渠道，如表2-3所示。

表2-3　　　　　　　　　社群推广渠道及具体做法

推广渠道	具体做法
线上	1. 借助大V号进行推广，短期内增加的成员可能较多，但费用较高； 2. 利用"群活码"等加群软件，自动加群，操作简单，但增加的群成员质量无法保证； 3. 利用内容吸引加群，如免费分享干货，要求分享给好友或分享到朋友圈方可入群等，对于策划内容要求较高； 4. 线上开展优惠活动，分享好友推荐入群可获得小礼品或减免费用等，一般来说此做法较为有效
线下	1. 通过发放宣传单宣传； 2. 粘贴加群二维码，针对进店客户，销售员引导客户加群； 3. 利用加群送礼品、减免或优惠等方式，吸引成员

二、策划社群常规内容

在社群运营过程中，需要结合店铺实际情况，时不时发布内容与活动，积极与成员互动，而不同人群对于信息内容的需求不一致，要先充分了解社群成员特点，分析用户行为，清晰用户画像，针对性地发布内容，才能吸引群成员参与话题讨论与分享，维持并提高社群活跃度，达到营销的目的。具体操作如下：

步骤1：分析群成员特点。

步骤1.1：利用问卷星了解群成员主要信息，如年龄、性别、收入、兴趣等，在手机应用市场中搜索"问卷星"，下载问卷星App，可用手机号码注册并登录，选择"调查"类型，创建调查问卷，如图2-32所示。

步骤1.2：添加调查问题，完成后点击右下角的"保存"按钮，发布调查，分享问卷至微信社群中，让成员们填写，如图2-33所示。需要注意的是，问卷调查多以选择题为主，方便填写与统计。

步骤1.3：调查结束后，进入问卷星，选择问卷，点击"结果"，可查看调查详细数据，并对数据进行分析。

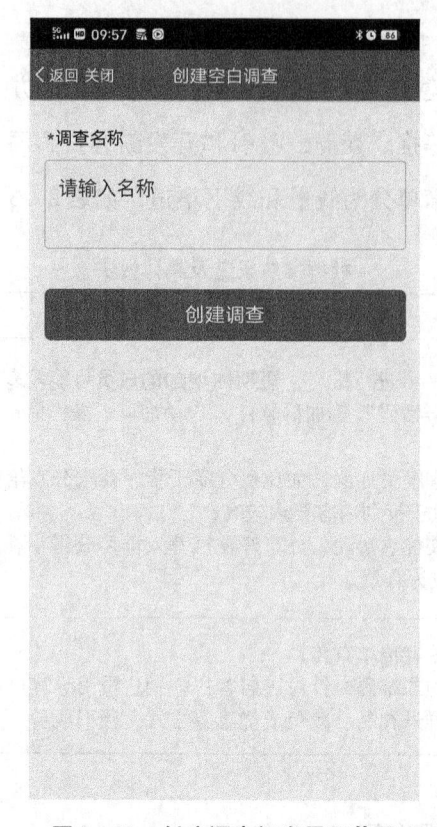

图 2-32　创建调查问卷界面截图

图 2-33　分享问卷示例

步骤2：策划社群日常发布信息。

步骤2.1：从问卷调查的数据结果，假设我们分析出社群成员中女性占多数，月收入3000~4000元居多，这类人群相对喜欢家居生活信息，因此小刘决定以"家居生活"内容类目为主进行策划。

步骤2.2：一般来说，不宜在社群内一直发布营销活动信息，过度营销，要结合不同时段人们的生活习惯，做好一天的群信息发布安排，如表2-4所示。

表2-4　　　　　　　　　　　群信息发布安排

序号	发布时间	发布内容
1	7：30—8：30	一段短新闻汇总与励志短语
2	9：00—10：30	家居生活小常识文章链接
3	11：30—12：30	提出一个家居生活小话题，与成员互动
4	13：00—14：00	芒果新品陈列图（汇总成一张）
5	17：30—18：00	芒果相关产品制作照片或视频
6	19：00—21：00	一条家居生活类的短视频
7	22：00—00：00	小笑话

步骤2.3：根据发布信息安排，寻找符合主题的文字、视频、图片等素材，并对素材进行二次编辑，形成内容，根据时间段选择相对应的信息发布至社群。

三、策划社群活动

广西芒果有许多不同的品种，但大多都在6—8月成熟上市，小刘打算在6月第一批芒果上市的时候开展宣传促销活动，具体操作如下。

步骤1：制订活动方案，活动策划方案模板如表2-5所示。

表2-5　　　　　　　　　　　活动策划方案模板

六月鲜芒上新活动策划
一、活动主题
二、活动背景及目的
三、活动时间及对象
四、活动内容及流程
五、经费预算

步骤2：总结活动成果，分析数据。

活动结束后，要及时针对活动过程中出现的问题及经验进行总结，分析流量、转化率、利润率等数据，通过数据检验是否达到预期的目的与效果，找出存在的缺陷，避免下一次活动出现同样的问题。

四、维护社群

日常工作中，需对社群进行管理和维护，规范社群网络行为和信息发布，社群成员在交流或发布信息时应遵守法律法规、文明互动、理性表达，具体操作如下。

步骤1：制定群规范，明确群主和管理员的职责。群规范是大家共同认可的约束群成员的一种群内交流行为准则，每个社群有自己独特的要求，但都应在遵守相关法律法规的基础上进行设定，引导群成员积极向上，文明互动、理性表达。

群规范样本

（1）文明聊天交友。

（2）禁止谈论不健康话题及不健康及恐怖图片（发现直接请出本群）。

（3）禁止在群内发布小程序、小游戏、宣传他群、诈骗、色情、反动等内容及图片。

（4）禁止恶意刷屏（连续发图超过3张图片视为刷屏）。

（5）严禁在群内发送各种广告，包括二维码、名片、投票等。如需发广告或变相发广告，发广告前请发50元/20人的红包以示人品。

（6）不得谩骂、侮辱或者诽谤他人，暴露他人隐私，侵害他人合法权益。

（7）群内人员应平等交流，如有不同意见、不同观点时大家可以讨论，不争辩，不抬杠，以和为贵。

（8）禁止在本群内恶意使用侮辱、诋毁他人字眼以及带有人身攻击性的图片。

（9）服从本群规章制度以及管理员和群主的安排。

（10）不信谣，不传谣。

（11）禁止发政治敏感话题。

（12）视情况，初次违规对管理员给予警告，警告无效后将其踢出群。

步骤2：保持群活跃度。发布信息和活动是维持群活跃度的方式之一，也可通过表2-6所提示的各种方法进行操作，积极与成员互动，保持群活跃度，避免偏离建立社群的初衷，失去社群的价值。

表 2-6　保持社群活跃度的方法与具体操作

序号	方法	具体操作
1	发红包	红包最容易把群氛围彻底激活，在群里发签到包、专属包等红包，能快速抓取信任；平时也可以通过红包引出群成员参与讨论等活动
2	有问必答	对于群成员提出的各种问题，有问必答，有求必应；每天固定一个话题，预留时间互动，慢慢形成一种习惯；必须重视与群成员的互动，让每个人有所收获
3	问候成员	群管理员要经常问候群成员，群主可以每天收集一些积极的正能量语句，或者是天气预报，每天固定同一时间发布，然后顺带问候群成员，如"早安，新的一天新的开始"等
4	建立个人品牌	打造群内有影响力的个人，建立个人品牌。有个人品牌的微信群很容易活跃，因为有影响力就会有"粉丝"。而且有个人品牌，更容易变现。个人品牌的建立，不仅包括专业知识，还有个性、兴趣爱好、使命目标、个人优势、价值观等
5	刺激共同爱好	建立共同的兴趣爱好。移动互联网最好的创新是激发了很多小众的爱好，微信群最大的价值是人与人之间的关系得到连接和释放
6	定时更换群管理员	社群不可能完全自组织，只能是中心碎片化、组织网络化。为了便于管理，需要发展一些组织者帮助管理群。最好定时更换群管理员，选择活跃的而且发言质量高的人。群管理员要严格执行群规范
7	定时发放福利	借助一些能够吸引群成员注意力的方式来提升社群管理，提升管理效率。如定期发福利（红包、干货、群直播和一些较高水平的课程等），但这种方式要考虑成本和群友的反馈意见
8	制造神秘感	人都有好奇心，越不让他知道的他越想知道。如让几个群里比较活跃的人，在群里说一句："秘籍已经收到，太给力啦"，如果一个群里，有 5~10 个人在说这个话，就会有人问"什么资料，我怎么不知道"等

知识链接

不同人群的信息需求

不同人群对于信息的需求不完全一致，如二三十岁的都市白领更倾向于了解时尚美妆资讯，三四十岁的居家女性更偏向于了解育儿教育或家居生活信息，下面简单地列举一些人群相对比较感兴趣的内容，如表 2-7 所示。

表2-7　　　　　　　　　不同人群对信息内容的需求

序号	内容类目	适合人群	内容举例
1	育儿教育	父母、长辈、老师、保姆	胎教实用技巧、父母情绪管理、家庭关系处理、陪孩子玩游戏、提高学习效率、榜样的力量等
2	游戏数码	青少年、游戏爱好者、数码发烧友、摄影爱好者、主播	游戏通关思路、精彩比赛集锦、TOP10玩家直播、手机使用技巧、单反摄影技巧、数码性能测评等
3	家居生活	家庭主妇、小资人群、上班族、中老年人	家居收纳技巧、清洁小妙招、绿植养护技巧、家庭安全知识科普、家庭寻医问药等
4	情感生活	夫妻、情侣、单身人士、心理咨询师	情感咨询树洞、走出失恋阴影、两性关系改善、营造浪漫生活、情感心理学知识、情感故事语录等
5	健康养生	亚健康人群、中老年人、慢性病患者、医疗人士	健康科普不打烊、学做养生菜谱、家庭疾病防治、健康体检知识、美容养颜攻略、每日养生小知识等
6	时事热点	青年人、中年人、老年人、科技爱好者、军旅人士	国际政事聚焦、国内政坛动态、时事热点新闻、热点话题讨论、创新创业浪潮、科技前沿资讯等
7	娱乐八卦	时尚女性、青年学生、明星网红	娱乐明星动态、娱乐新闻、当红影视抢先看、演出特惠购票、经典影视回顾、抖音当红歌曲榜单等
8	美食旅行	吃货、旅行发烧友	打卡网红店铺、口味测评榜单、烹饪技巧推荐、周边短途旅行、亲子出行攻略、民宿酒店体验等
9	时尚美妆	时尚女性、青年学生、网红	美妆博主搜罗、实用化妆技巧、清洁护肤攻略、穿衣搭配法则、最新流行款式、鞋包养护技巧等
10	体育运动	青年、体育爱好者、体育赛事爱好者	体育赛事直播、健康减肥小助手、户外运动发烧友、健身技巧、体育明星动态等

常见的活动促销方式

　　活动促销是社群运营过程中的一个关键点，可能大多数会员一开始入群就是因为线上有比线下更为优惠的活动，能够第一时间获取活动信息，因此如何做好线上活动，提高转化率，留住客户是值得我们不断钻研的问题。一般我们常见的促销方式如表 2-8 所示。

表 2-8　　　　　　　　　　常见的促销方式汇总

序号	方式	具体内容
1	代金券、折扣券	客户消费达到一定额度时，给客户发放
2	附加交易、赠品	向客户提供一定数量的免费的同类商品
3	直降、特价或折扣	在商品的现有价格基础上进行打折
4	批量折让、多买多惠、满额减、团购	按购买货物的多少，给予一定数量的免费的同类商品。如每购买十箱送一箱
5	"回扣"式促销	通常回扣的标志是附在产品的包装上或是直接印在产品的包装上。如再来一瓶，5元中奖等
6	抽奖促销	购买厂家产品而获得抽奖资格，并通过抽奖来确定自己的奖励额度
7	派发"小样"	向目标客户派发自己的主打产品，包括赠送小包装的新产品和现场派发两种
8	现场演示	现场为客户演示具体操作方法以刺激客户产生购买意愿
9	有奖竞赛	让客户在促销现场竞答
10	发放礼品	在一些场合发放与企业相关产品

思政园地

新媒体已成为意识形态建设新阵地

在互联网时代，信息技术的迅猛发展，微博、微信等新媒体平台已经成为人们日常工作和生活中不可或缺的一部分，尤其是"00"后的年轻人，他们的思想和价值观从小就深受网络的影响，思维方式、行为习惯等都有极其深刻的变化，社会思潮的传播趋向于网络化，新媒体已成为意识形态建设的新阵地。

意识形态工作做的是人的思想工作，微信、微博等新媒体平台拥有众多的用户，平台上充斥着各类各样的信息，无形中对用户的思想观念产生影响，用户也能通过新媒体平台传播信息，甚至在社会上产生一定的影响。习近平总书记在2018年的全国网络安全和信息化工作会议上指出，要加强网上正面宣传，旗帜鲜明坚持正确政治方向、舆论导向、价值取向，用新时代中国特色社会主义思想和党的十九大精神团结、凝聚亿万网民。在党的十九大报告中也强调，坚持正确舆论导向，高度重视传播手段建设和创新，提高新闻舆论传播力、引导力、影响力、公信力。加强互联网内容建设,建立网络综合治理体系,营造清朗的网络空间。要充分利用好新媒体这一意识形态新阵地,加强正面宣传,壮大主流思想舆论,通过新媒体牢牢掌握网络舆情工作主动权。

任务实战

微信社群营销工作单

【工作准备】

是否正常培训:(部门经理填)□到席 □请假 □旷工 原因:

是否遵守纪律:(部门经理填)□严格遵守 □迟到 □早退 □出位 □其他

检查电脑的完好性:□完好 □故障:报告值班经理并换机

【工作记录】

一、组建社群与推广

步骤1:建立会员社群。

因需求不一样,社群可以分为_____

小刘的社群定位:_____

步骤2:推广社群,扩大群成员量。

任务说明:为水果店选择合适的推广方式并说明理由,完成下表。

推广渠道	具体做法	选择理由
线上		
线下		

二、策划社群常规内容

步骤1：分析群成员特点。

分析群成员特点是为了 _____

小刘建立的社群群成员特点： _____

步骤2：策划社群日常发布信息。

1. 根据群成员特点，小刘的社群内容策划类目为 _____

2. 根据选择的内容类目，安排一天的群信息发布并完成下表。

序号	发布时间	发布内容
1	7：30—8：30	
2	9：00—10：30	
3	11：30—12：30	
4	13：00—14：00	
5	17：30—18：00	
6	19：00—21：00	
7	22：00—00：00	

三、策划社群活动

步骤1：制订活动方案。

六月鲜芒上新活动策划

一、活动主题

二、活动背景及目的

三、活动时间及对象

四、活动内容及流程

五、经费预算

步骤2：总结活动成果，分析数据。

分析数据，活动是否达到预期目的与效果？ □是　□否

存在问题：_____

四、维护社群

步骤1：制定群规范，明确群主和管理员的职责。

群规范

步骤2：保持群活跃度。

1. 保持群活跃度的方法：_____

2. 假如你是小刘，保持群活跃度的方法及具体做法有哪些？请写下你的理由。

_____

_____

【工作结束】

数据整理及备份：　□完成　　□未完成

关机检查：　　　　□正常　　□强行关机　　□未关机

整理桌面：　　　　□完成　　□未完成

地面卫生检查：　　□完成　　□未完成

整理椅子：　　　　□完成　　□未完成

任务评价

类别	序号	考核项目	考核内容及要求	优秀	良好	合格	较差
技术考评	1	质量	了解微信社群营销的技巧				
	2		掌握微信社群维护方法				
	3		能够策划社群日常内容				
	4		能够通过内容及活动维护社群				
非技术考评	5	态度	学习态度端正				
	6	纪律	遵守纪律				
	7	协作	积极参与团队合作与交流				
	8	文明	保持安静，清理场所				

任务拓展

任务说明：

1. 店铺设定：便利店；

2. 为便利店建立微信社群；

3. 策划社群常规内容；

4. 策划符合店铺 12 月主题的促销活动。

项目三　微博营销

📋 项目情境

微博营销作为一种新媒体营销方式，已经逐渐成为众多企业和店主的营销必争之地。小刘的小鲜范淘宝店自开店以来，网店流量增长缓慢，每日仅以个位数增长，销售惨淡，他十分苦恼。因此，他希望能让自己的销售渠道多样化，但又苦于没有雄厚的资金支持，遂决定采用投入相对较少的微博营销方式来销售家乡特产——百色贵妃芒果。

🔧 学习目标

本项目旨在引导学生学习并掌握微博营销的相关知识及技能，包括账号注册、活动策划与实施等。

🎯 项目导图

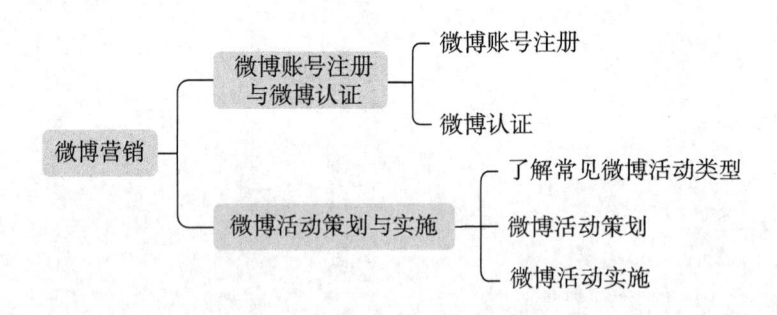

```
                    ┌── 微博账号注册与微博认证 ──┬── 微博账号注册
                    │                              └── 微博认证
        微博营销 ───┤
                    │                              ┌── 了解常见微博活动类型
                    └── 微博活动策划与实施 ───────┼── 微博活动策划
                                                   └── 微博活动实施
```

任务一　微博账号注册与微博认证

🞥 任务描述

小刘想在微博上销售芒果,首先要注册微博账号,并对微博账号进行个性化设置,让微博账号与自身产品的定位和格调保持一致,最好能够与"小鲜范"网店保持一致,这样才能在买家心中树立起统一形象,打造"小鲜范"品牌。而目前国内各大微博平台中,"新浪微博"注册用户较多、影响力较大,因此小刘决定先从"新浪微博"入手。

任务目标

1. 了解微博账号的注册流程;
2. 掌握微博认证的流程;
3. 能够遵守相关法律法规以及平台规则,完成微博账号的注册、认证。

任务实施

一、微博账号注册

注册微博账号,可以通过 PC 端或移动端完成,PC 端注册更加方便一些,其具体操作步骤如下。

步骤 1:在百度搜索框中输入"新浪微博",点击进入新浪微博官网,或者直接输入新浪微博官网(https://weibo.com)进入网站。

步骤 2:进入新浪微博首页,点击右上角的"注册"或者右侧登录界面的"立即注册",进入账号注册页面后,选择个人注册。

步骤 3:填写注册信息。官方默认是手机号注册,也可以选择邮箱注册。选择手机号注册后,完成手机号、密码、生日、激活码等设置,然后点击"立即注册"。

步骤 4:完善资料。完善账号昵称、生日、性别、所在地等信息后,点击进入"兴趣推荐"。

步骤5：进入兴趣推荐后，至少选择1个兴趣，选择好后，点击进入微博。

步骤6：激活账号，登录微博账号时，官方会发送确认邮件到注册邮箱，点击激活链接，正式成为微博会员，如图3-1所示。

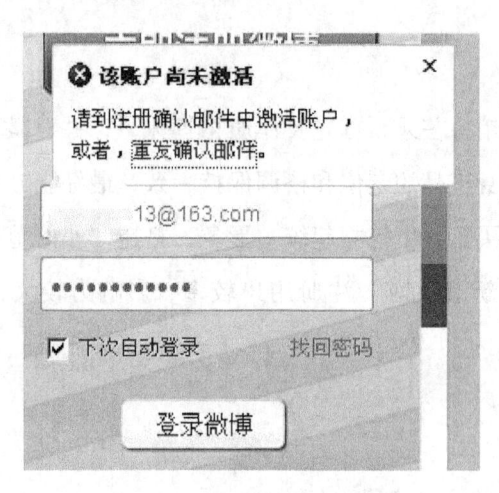

图3-1 激活微博账号示例

二、微博认证

微博认证是微博给用户提供的一种身份认可服务，需要用户申请获得，微博认证包含个人认证和组织认证，如图3-2和图3-3所示。下面就个人认证中的身份认证和兴趣认证展开讲解。

图3-2 微博个人认证

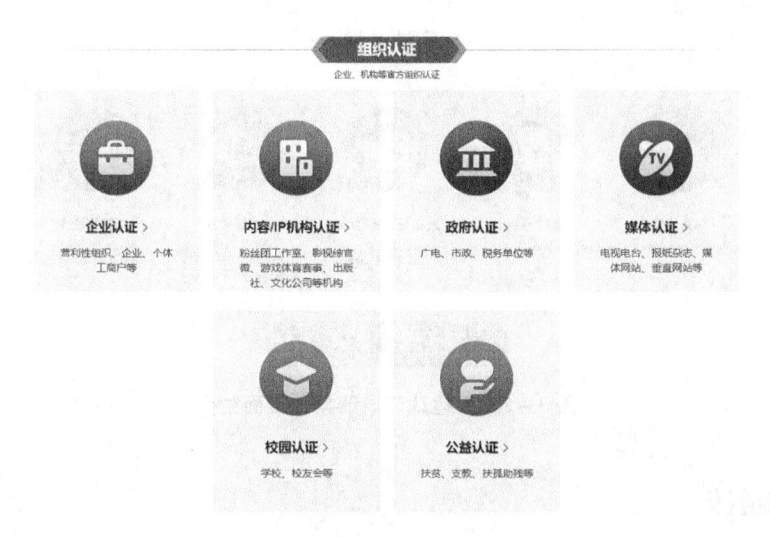

图 3-3 微博组织认证

1. 身份认证

个人真实身份的认证对于微博运营人员而言非常重要。身份认证能在一定程度上代表用户身份的真实性,能提升账户的可信度。身份认证的条件相比其他认证而言更加简单,用户的"粉丝"数只需大于或等于50即可,如图3-4所示。

图 3-4 身份认证申请条件页面截图

2. 兴趣认证

兴趣认证是就行业细分领域的认证,会让你在某个领域中成为行业精英,如你是摄影人才,你认证的是摄影领域,则必须在微博中坚持发布与摄影相关的内容,如图3-5所示。

图 3-5　兴趣认证申请条件页面截图

> **知识链接**

微博昵称的要求

微博昵称是留给用户的第一印象，根据印象形成的首因效应，微博昵称在编写时，应该注意以下几点。

1. 微博昵称与微博定位的统一性，让用户通过微博昵称就能了解到微博的内容倾向。

2. 微博昵称要简洁易记，不含生僻字符及特殊字符，便于用户主动搜索，更易于推广和传播。

3. 微博昵称不得超过 4~30 个字符，避免选用官方化词汇、敏感时政词汇、不雅词汇、代购名称、明星姓名等。

微博标签的要求

微博标签，是微博用户可以自行设置的一种标识用户属性的词条。通过微博标签的这一特点，微博用户可以根据所经营产品的特点贴上相应的标签，以此来寻找与产品特性对应的用户，并对其进行关注，从而了解这些用户的需求。

设置微博标签时，可遵循以下原则。

1. 能够体现出品牌的特点。

2. 能够提高微博的搜索到达率。

3. 做好标签内容和数量的搭配。

4. 设置有热度、有搜索量、与内容定位相关的关键词。

遵循以上原则设置的微博标签，不仅可以提升微博在搜索关键词时的排名，还能增加展示机会，达到增加"粉丝"量的目的。

思政园地

用户在微博平台注册的注意事项

用户在微博平台注册时,有哪些注意事项呢?

1. 在微博平台注册用户信息时,注册的用户可自行编辑注册信息中的账号名称、昵称、头像、简介等,但应遵守相关法律法规,不得含有违法和不良信息。值得注意的是,公民有权使用自己的肖像、有权允许他人使用自己的肖像,也有权禁止他人使用自己的肖像。

2. 用户注册微博账号,制作、发布并传播信息内容时,应当使用真实身份信息及个人资料,不得以虚假或冒用的居民身份信息、企业相关信息进行注册;若用户的个人资料有任何变动,用户应及时更新。

3. 未经相关权利人授权,用户不得以他人或其他组织机构名义注册微博账号,亦不得使用引人误解的信息注册微博账号,如让人误认为该账号与其他个人或机构组织存在关联关系的名称、头像或简介等。

4. 用户在平台的表达不得侵害他人合法权益,不得违反现行法律法规。

除上诉一些基本注意事项外,微博平台在注册时,用户还需要仔细阅读平台的注册使用规则,并遵守微博用户行为规范,珍惜自己的微博账号,共同维护良好的微博社区环境。

任务实战

微博账号注册工作单

【工作准备】

是否正常培训:(部门经理填) □到席 □请假 □旷工 原因:

是否遵守纪律:(部门经理填) □严格遵守 □迟到 □早退 □出位 □其他

检查电脑的完好性:□完好 □故障:报告值班经理并换机

【工作记录】

一、微博账号注册

步骤1:进入新浪微博官方网站。

新浪官网的网址：_____

步骤2：进入账号注册页面后，选择个人注册。

步骤3：填写注册信息。

填写注册信息（选择手机号注册或邮箱注册）：_____

步骤4：完善资料。

注册的账号昵称、生日、性别、所在地等信息：_____
_____
_____

步骤5：进入兴趣推荐后，至少选择1个兴趣。

选择的兴趣：_____

步骤6：激活账号。

是否成功激活账号的邮箱链接：_____

二、微博认证

微博认证是微博给用户提供的一种身份认可服务，需要用户申请获得。

个人微博认证包含_____。

【工作结束】

数据整理及备份： □完成   □未完成

关机检查：   □正常   □强行关机   □未关机

整理桌面：   □完成   □未完成

地面卫生检查：   □完成   □未完成

整理椅子：   □完成   □未完成

任务评价

类别	序号	考核项目	考核内容及要求	优秀	良好	合格	较差
技术考评	1	质量	了解微博账号的注册流程				
	2		掌握微博认证的流程				
	3		完成微博账号的注册和认证				

续 表

类别	序号	考核项目	考核内容及要求	优秀	良好	合格	较差
非技术考评	4	态度	学习态度端正				
	5	纪律	遵守纪律				
	6	协作	积极参与团队合作与交流				
	7	文明	保持安静，清理场所				

任务拓展

任务说明：

完成搜狐博客的创建。

任务二　微博活动策划与实施

任务描述

小刘想要通过微博实现销售芒果的目标，就需要在微博上不断发声，尤其是让"粉丝"了解自家芒果的特色、品质、优惠活动等，这样才能刺激其做出购买的决定。开展微博活动是一个很好的手段，其目的有增加"粉丝"数量、品牌推广宣传和产品宣传促成消费等，所以小刘首先需要明确自己要达到何种目的，从而有针对性地开展微博活动。

任务目标

1. 了解常见的微博活动类型；
2. 掌握微博活动策划的方法；
3. 掌握微博活动实施的流程；
4. 能够合理策划一次微博活动，并在微博上实施活动；
5. 能够在微博活动策划与实施过程中遵守相关法律法规，践行社会主义核心价值观。

任务实施

一、了解常见微博活动类型

常见的微博活动有有奖转发、有奖征集、免费试用、预约购买、限时抢等，小刘在选择微博营销时，需要对每一种活动进行详细了解。

1. 有奖转发

有奖转发是一种由博主发起，参与者满足条件并转发活动到指定位置就有机会获得奖品的一种活动形式。该活动的内容需要经过微博平台审核，参与门槛比较低，如果奖品设计得好，会刺激"粉丝"快速转发，在很短的时间内形成有效传播，如图3-6所示。

图3-6 有奖转发活动示例

2. 有奖征集

有奖征集是一种由博主发起，通过提供的奖品激励"粉丝"发布相应的内容，在活动结束之后，根据内容的评选规则公布中奖者名单的活动形式。这种活动，奖品成本是主要活动成本，"粉丝"参与门槛也相对比较低，只要满足博主条件的都可参与，如图3-7所示。

图 3-7　有奖征集活动示例

3. 免费试用

免费试用多用于新品发布前,目的是第一时间获取商品在市场上的反馈,在活动中,"粉丝"可以发起免费试用申请,由博主衡量,并公布试用人员名单,如图 3-8 所示。

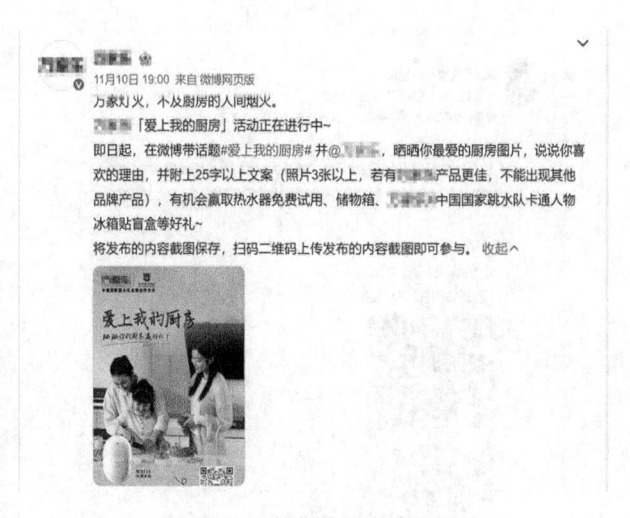

图 3-8　免费试用活动示例

4. 预约购买

预约购买是由博主在活动平台发起,可以对用户的预约行为免费或者收费,只有参加预约,才能在之后的活动中具备购买资格。通常在商品首发、预售或者售卖其他紧俏商品时使用,如图 3-9 所示。

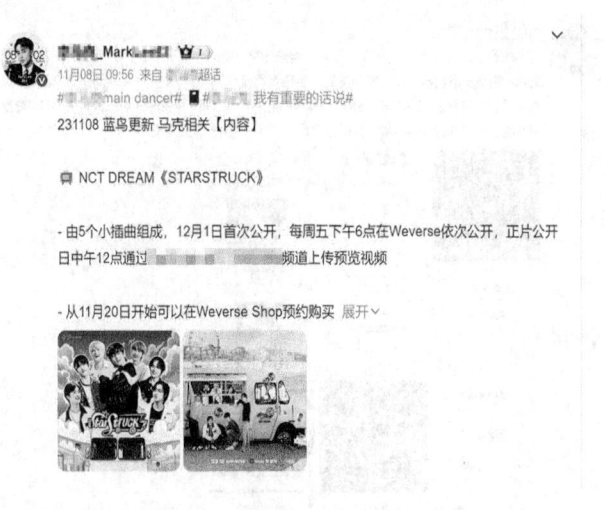

图 3-9　预约购买活动示例

5. 限时抢

限时抢即幸运转盘活动，在活动结束前，凡是满足活动发起人设置的参与资格的"粉丝"，都可以通过点击幸运转盘参与抢购。这种活动相比于以上几种活动而言，更具有趣味性，一个"粉丝"可以多次参与，并且乐于主动传播，如图 3-10 所示。

图 3-10　限时抢活动示例

6. 预约报名

预约报名与预约购买、免费试用等活动类似，只是应用的场景不同，如图 3-11 所示。

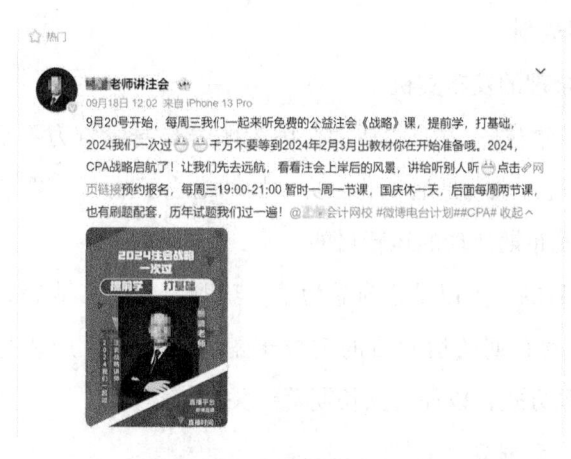

图 3-11 预约报名活动示例

二、微博活动策划

微博活动策划一般包含活动预热、活动发布、活动复盘三个阶段，从预热到复盘，形成一个完整的闭环，往往以 7 天为一个传播周期，这也符合热点传播的特性。

下面，以小刘在微博上发起的"芒果限价抢购"活动为例，他在预热期、发布期、复盘期的具体操作如下。

1. 活动预热期策划

步骤 1：确定预热期的运营目的。

预热期的运营目的决定了预热期的运营内容及方向，小刘考虑到是新注册的微博，预热期的运营目的应当是积累兴趣"粉丝"，比如通过 3 天的预热，为新账号积累 200 个兴趣"粉丝"等。如果账号已经成熟，可以将转发量作为预热期的运营目的。

步骤 2：规划预热期的发文规范与内容。

预热期发布的微博，要多以造势为主，通过预热期的宣传，为微博账号积累大批的"粉丝"，并对内容的发文规范、发文频率、发文内容等做出明确的规划，如表 3-1 所示。

表 3-1　　　　　　"小鲜范"预热期发文规划

发文频率	8：00	11：00	12：30	18：00	22：00
发文内容	水果养生类	芒果营养类	芒果技巧类	芒果种植类	芒果段子类
发文规范	图+文	图+文+超话	图+视频	长微博	图+文

2. 活动发布期规划

步骤1：选择合理的发布契机。

若是没有选择好契机，发布的活动会因为账号自身影响力不足而石沉大海，无人问津。合理的契机，也就是活动的由头，如巧借当下热点、顺应特殊节日等。

步骤2：确定发布期活动的运营目的。

发布期的运营目的，多以销售商品为主，获取"粉丝"为辅，小刘的"芒果限价抢购"活动，将发布期的运营目的定位于销售100箱5斤装芒果，并获取购买"粉丝"的准确联系方式，以便建立长期营销关系。

步骤3：规划活动细节。

找对了由头，还得规划好活动的具体细节，如"粉丝"如何参与、活动有效期限、活动是否限额、活动商品介绍等，这些都会影响"粉丝"参与活动的热情。活动参与方式尽量设计得简单易操作，如点击链接直接购买、私信博主留言等；活动的有效期也尽量不要太长，如24小时、12小时等。大家可以像小刘一样，进行活动发布细节规划，如表3-2所示。

表3-2　　　　　　　　　　　活动发布细节规划

活动有效期	2022年4月22日12：00—4月23日12：00
"粉丝"参与方式	1. 点击链接①，进入微博橱窗，直接下单； 2. 私信微博博主，留言购买； 3. 点击链接②，进入淘宝网店，直接下单
活动限额	1. 每人限抢一次，每次不超过2箱； 2. 转发"小鲜范"限价抢购微博，免费获得一次抢购机会
活动商品介绍	1. 原价25元，现价10元； 2. 广西特产百色贵妃芒果5斤装

步骤4：内容规划。

在活动发布期，内容始终要围绕产品促销进行规划，每一次的内容发布，都是对于"粉丝"情绪的一种调动，这期间更多需要运用情绪营销的方法进行内容策划，并且内容发布频率要高，需要达到刷屏的程度。活动曝光得越多，才有可能带来更多的成交。

3. 活动复盘期策划

步骤1：确定复盘时间。

活动复盘根据活动性质不同，复盘的时间也各不相同。转发、评论、点赞类的活动，一般在活动发布24小时后就可以进行复盘，了解活动24小时后的传播效果；抢购类的促销活动，则可以在活动结束的3~5天后进行复盘，了解活动从策划到售后的全过程情况。

步骤2：梳理复盘内容。

复盘是为了了解活动目的及活动达成情况、活动投入与产出比情况、活动有待改善的地方、活动是否具有可复制性等问题，在复盘时，可以通过表3-3进行内容梳理。

表3-3　　　　　　　　　　　　活动复盘内容梳理

复盘内容	预热期	发布期
活动目的		
活动达成情况		
"粉丝"增长情况		
内容转发、点赞情况		
活动成本		
活动周期		
……		

步骤3：优化活动流程。

通过复盘，总结活动中的不足，如预热期"粉丝"的积极性不高、活动的产品对用户的诱惑力不够等问题，可进行分析讨论，并对其进行优化，为下一次活动梳理出具有可复制性的流程。

三、微博活动实施

在上一个问题中，我们了解到微博活动策划分为预热期、发布期、复盘期三个环节，微博活动实施也同样分为这三个阶段。

1. 活动预热期实施

步骤1：收集素材。

预热期要发布的微博内容在表3-1中有了明确规划，围绕规划的内容，进行图片、文案等内容的收集。图片可以是商品自拍照，也可以是网上搜索到的与芒果相关的图片；文案可以借助皮皮时光机、百度搜索等工具进行收集。

步骤2：编写文案内容。

预热期的文案是为活动做铺垫,每篇文案都是助推活动的,在文案编写时,要注重突出活动预告的信息,如关于水果养生类的文案,是发布在早上的第一条微博,有向"粉丝"问早安的性质,内容在突出活动预告的同时,还应该积极向上,比如:"早安,宝贝!'小鲜范'推荐今日养生早餐:苹果+芒果,酷爽一整天的秘密哟!'小鲜范'今日活动信息:4月22日百色贵妃芒果限时抢购全面开启哟!"

步骤3:精选配图。

为编辑好的文案精选配图,可以选择芒果的图片作为配图,也可以选择人吃芒果的图片作为配图,尽量以清爽、简单为主,针对休息了一晚上的"粉丝",清爽、简单的图文,会给他们一种愉悦、舒适的视觉体验,如图3-12所示。

图3-12 精选配图示例

步骤4:微博编辑文案并发布。

登录微博账号,在文案编辑框中输入已经编辑好的文案(如图3-13所示),再点击编辑框下的"图片"按钮,添加已经精选好的配图。

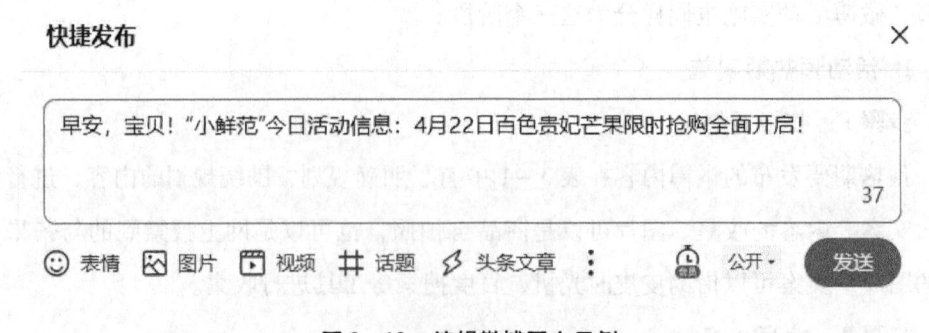

图3-13 编辑微博图文示例

内容编辑完成后,点击"发送"按钮,即可完成发布,已经发布成功的微博便会在微博中显示出来。

2. 活动发布期实施

步骤1:收集素材。

活动发布期的素材应尽可能多地展示出活动的特色及诱人的一面,如晒商品图、晒"粉丝"下单图等,总而言之,要能够推动这一时期的目标达成。

步骤2:编辑文案。

根据活动发布期策划阶段的活动细节,从不同角度编辑活动文案,虽然每次发布的文案不一样,但是需要遵循以下共同原则。

①活动介绍清楚明白;

②商品展示真实;

③明确告知参与方式。

比如,小刘编辑的文案:"'小鲜范'百色贵妃芒果限价抢购活动全面开启,点击下方链接或者私信'小鲜范',你就能以10元价格买到25元的5斤装芒果,限100箱,手快有,手慢无哦!购买链接①,购买链接②。"

步骤3:设计活动海报。

微博的海报设计与淘宝网店的海报设计有相同的地方,如对于海报的构图、色调的选择等,不同的是尺寸、像素等要求。海报的重点是要向"粉丝"展示清楚商品实物图以及活动信息,如图3-14所示。

图3-14 活动海报设计示例

步骤4:正式发布活动。

进入微博的内容编辑框,输入已经编辑好的文案,搭配设计好的活动海报,点击发布,即可完成活动发布。

3. 活动复盘期实施

步骤1:整理活动效果数据。

根据在活动策划阶段,对于复盘内容的规划,在活动结束3~5天后整理活动数据,如预热期与发布期的目标达成情况、在整个活动期间"粉丝"的增长曲线图、整个活动期间的成本核算等。

步骤2:分析利弊。

通过收集的数据,分析此次活动的利与弊,可以借鉴表3-4进行复盘分析。

表3-4　　　　　　　　　　　复盘活动利弊

复盘内容	利	弊
流量获取		
商品销售		
品牌推广		
渠道拓展		
人员分配		

从不同维度进行活动的利弊分析,划分的维度越多,复盘分析就会越透彻,对于活动的可复制性评估就会越准确。

步骤3:提出优化建议。

分析完利弊之后,对以后同类型活动的开展提出优化建议,让下一次活动能够获取更多的流量,转化更多的用户,同时要注重用户体验感的优化提升。

知识链接

微博号定位遵循的原则

1. 选择与自己兴趣、特长相符的领域

一个人只有做自己想做并且擅长做的事情才能做好,所以,微博定位最好以自己的兴趣和特长为中心,选择自己感兴趣和擅长的领域。例如,对美食感兴趣可以定位为健康与美食领域的微博;对护肤、化妆感兴趣可以定位为护肤与美妆领域的微博;对电子商务感兴趣则可以定位为电商微博……总之,在明确了个人兴趣和特长之后,微博定位就能够以此为中心展开了。

2. 明确使用微博的目的

企业用微博就是为了推广品牌和联系客户，明星用微博就是为了实现自己和粉丝之间的互动，微商人员则是为了推销产品……由此看来，不同的人使用微博的目的不一样，所以，就一定要清楚自己使用微博的目的。目前微博的作用主要有娱乐、学习、资讯获取、企业宣传、产品推广、微电商创业、个人品牌宣传、微博自媒体、知识分享等。明确自己使用微博的目的是正常运营微博的前提。

3. 让自己的微博有个性

微博运营想要脱颖而出就一定要有特色，有个性。微博的特色就是运营者个性的体现。一般来说，运营专业的微博账号需要坚持二八原则，专业内容占80%，非专业内容占20%。

思政园地

发布微博信息时，你不可不知的法律法规

随着网络传播技术不断发展，社交平台不断涌现，有关互联网的法律法规也在不断更新和完善，今后这些社交平台在使用和管理上也会越来越规范。我们在使用微博发布信息时，要遵守我国相关法律法规和政策。如《互联网信息服务管理办法》第十五条规定，互联网信息服务提供者不得制作、复制、发布、传播含有下列九项内容的信息（也称"九不准"）。

（一）反对宪法所确定的基本原则的；

（二）危害国家安全，泄露国家秘密，颠覆国家政权，破坏国家统一的；

（三）损害国家荣誉和利益的；

（四）煽动民族仇恨、民族歧视，破坏民族团结的；

（五）破坏国家宗教政策，宣扬邪教和封建迷信的；

（六）散布谣言，扰乱社会秩序，破坏社会稳定的；

（七）散布淫秽、色情、赌博、暴力、凶杀、恐怖或者教唆犯罪的；

（八）侮辱或者诽谤他人，侵害他人合法权益的；

（九）有法律、行政法规禁止的其他内容的。

任务实战

微博活动策划与实施工作单

【工作准备】

是否正常培训：（部门经理填）□到席　□请假　□旷工　原因：

是否遵守纪律：（部门经理填）□严格遵守　□迟到　□早退　□出位　□其他

检查电脑的完好性：□完好　　□故障：报告值班经理并换机

【工作记录】

一、常见微博活动类型

常见的微博活动有＿＿＿＿＿＿＿＿＿＿＿＿＿＿＿＿＿＿＿

1. 由博主发起，参与者满足条件并转发活动到指定位置就有机会获取奖品的一种活动形式是＿＿＿＿＿＿＿＿＿＿＿。

2. 奖品成本是主要活动成本，"粉丝"参与门槛也相对较低，只要满足博主条件的，都可参与的活动形式是＿＿＿＿＿＿＿＿＿＿＿＿＿＿＿

3. 目的是第一时间获取商品在市场上的反馈的活动形式是＿＿＿＿＿＿＿＿

4. 由博主在活动平台发起，可以对用户的预约行为免费或者收费，只有参加预约，才能在之后的活动中具备购买资格的活动形式是＿＿＿＿＿＿＿＿＿＿＿

5. 相比于以上几种活动而言，活动方式更加具有趣味性，一个"粉丝"可以多次参与，并且乐于主动传播的活动形式是＿＿＿＿＿＿＿＿＿＿＿＿

二、微博活动策划

1. 活动预热期策划

步骤1：确定预热期的运营目的。

小刘考虑到是新注册的微博，预热期的运营目的应当是＿＿＿＿＿＿＿＿＿

步骤2：规划预热期的发文规范与内容。

"小鲜范"预热期发文规划

发文频率			
发文内容			
发文规范			

2. 活动发布期规划

步骤1：选择合理的发布契机。

请罗列每年 6 月至 12 月期间，有_____
_____节日可以作为活动发布契机。

步骤 2：确定发布期活动的运营目的。

小刘的"芒果限价抢购"活动的运营目的是_____

步骤 3：规划活动细节。

活动发布细节规划

活动有效期	2022 年 4 月 22 日 12：00—4 月 23 日 12：00
"粉丝"参与方式	
活动限额	
活动商品介绍	

步骤 4：内容规划。

小刘正在进行"芒果限价抢购"的活动策划，请为他在 4 月 22 日当天的活动编辑一段微博活动内容，要求通俗易懂，有吸引力。

_____
_____
_____
_____

3. 活动复盘期策划

步骤 1：确定复盘时间。

抢购类的促销活动在_____进行复盘，了解活动从策划到售后的全过程情况。

步骤 2：梳理复盘内容。

复盘内容有_____
_____

步骤 3：优化活动流程。

优化活动流程的目的是_____

三、微博活动实施

任务说明：

小刘要在 12 月 12 日当天进行店铺年终庆典促销，店铺芒果当天全场 6.5 折，广西地区包邮，活动时间为 12 月 12 日 0：00—12 月 12 日 23：00。请针对此次活动，进行一次微博活动策划并成功发布，活动结束后进行复盘。

1. 活动预热期实施

步骤1：收集素材。

步骤2：编写文案内容。

步骤3：精选配图。

步骤4：微博编辑文案并发布。

活动预热内容	
活动预热海报素材以及选图的截图	
成功发布预热活动的截图	

2. 活动发布期实施

步骤1：收集素材。

步骤2：编辑文案。

步骤3：设计活动海报。

步骤4：正式发布活动。

活动内容	
活动海报的截图	
成功发布活动的截图	

3. 活动复盘期实施

步骤1：整理活动效果数据。

步骤2：分析利弊。

复盘内容	利	弊
流量获取		
商品销售		
品牌推广		
渠道拓展		
人员分配		

【任务提示】

案例：

	美食博主陈菠萝关于"红楼宴年夜饭套餐"的微博活动内容
活动内容	这下丰盛的年夜饭有着落了！ 让我期待已久的春节终于来啦！（主要是假期），作为资深吃货，年夜饭是我一年中最渴望的一餐，今年更是吊足了我胃口。 百联集团旗下"i百联"平台和沪上知名餐饮品牌合作，推出各种特色年夜饭套餐，想吃什么"随心选"！ 大厨现场制作，可以闪送到家！足不出户就能吃上一顿暖洋洋的团圆饭，真的是省心省力，还能收获美美的好心情。而且还有自提半成品菜肴套餐可选，也能增添一些厨房乐趣，即使大家选择原地过年，这顿年夜饭也要精致呀！ 这次每个套餐都好划算啊，其中很多还有配送到家服务。 套餐菜式也很多。 这里面我最喜欢的是"红楼宴年夜饭套餐"4888元。 当然，这份绝世美味要和家里人一起好好享受！这才是"乐享美好生活"啊！ 提醒一句：部分套餐是限量供应哦！ 别再等了，快来签收你的新年第一餐吧！
活动海报	红楼宴 New Year's Eve Dinner 推荐指数：★★★★ 红楼宴年夜饭套餐 4888元 自提4288元，配送4388元

【工作结束】

数据整理及备份： □完成　　□未完成

关机检查：　　　 □正常　　□强行关机　　□未关机

整理桌面：　　　 □完成　　□未完成

地面卫生检查：　 □完成　　□未完成

整理椅子：　　　 □完成　　□未完成

任务评价

类别	序号	考核项目	考核内容及要求	优秀	良好	合格	较差
技术考评	1	质量	了解常见的常见微博活动类型				
	2		掌握微博活动策划的方法				
	3		掌握微博活动实施的流程				
	4		能够合理策划一次微博活动,并在微博上实施活动				
非技术考评	5	态度	学习态度端正				
	6	纪律	遵守纪律				
	7	协作	积极参与团队合作与交流				
	8	文明	保持安静,清理场所				

任务拓展

任务说明：

小刘要在今年 5 月开始预售广西特有的芒果品种——田东桂七芒果,5 月 30 日前下单立减 50 元,即限时特价 110 元 10 斤田东桂七芒果礼盒装,并且全广西地区包邮,7 月发货,坏果包赔。请针对此次活动,进行一次微博活动策划并成功发布,活动结束后进行复盘。

项目四　直播平台营销

项目情境

直播营销是当下比较流行的一种营销方式,小刘希望在前期打造品牌影响力的同时,能够多渠道推广,除了微信、微博,还应该抓住直播渠道,选择一个适合的直播平台,尝试策划直播内容,与其他媒体共同打造新媒体营销矩阵。

学习目标

本项目旨在引导学生了解并掌握直播平台营销的相关知识及技能,包括常见直播平台介绍、直播内容策划与实施、直播营销复盘等。

项目导图

```
                        ┌─ 抖音直播平台
            常见直播平台介绍 ─┼─ 快手直播平台
                        ├─ 淘宝直播平台
                        └─ 爱逛直播平台

直播平台营销 ─ 直播内容策划与实施 ─┬─ 直播内容策划
                              └─ 直播内容实施

            直播营销复盘 ─┬─ 直播营销复盘
                        └─ 直播内容营销
```

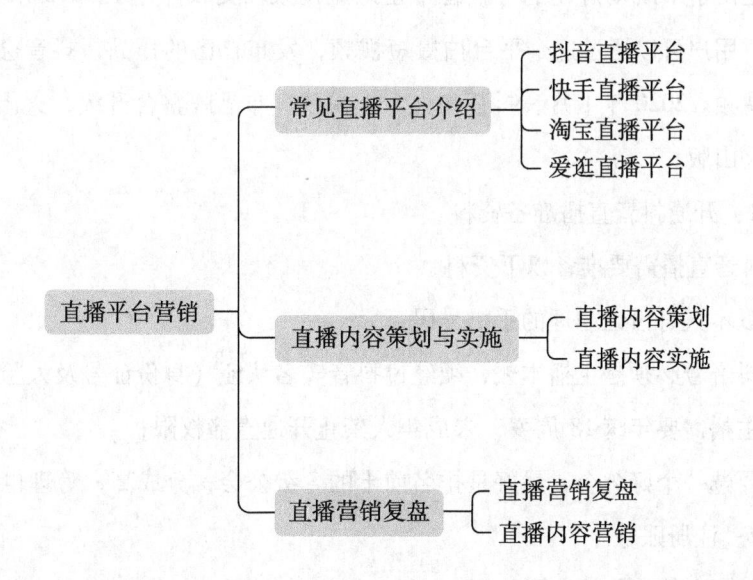

任务一 常见直播平台介绍

⊕ 任务描述

目前，市场上的直播平台有很多，常见的有抖音直播、快手直播、淘宝直播、爱逛直播等，各个平台的特点与内容倾向都不相同，选择合适的平台，就要先了解这些平台。

任务目标

1. 了解常见的直播平台；
2. 了解直播的基本技巧；
3. 能够利用抖音直播、快手直播、淘宝直播、爱逛直播等平台开通直播；
4. 遵守直播平台规则，自觉维护主播形象，文明直播。

任务实施

一、抖音直播平台

抖音是由字节跳动孵化的一款音乐创意短视频社交软件，于 2016 年 9 月 20 日正式上线，用户可以通过这个平台拍摄短视频，发布自己的作品，抖音会根据用户喜好推荐视频。2020 年 1 月，抖音和火山小视频宣布品牌整合升级，火山小视频更名为抖音火山版。

步骤1：开通抖音直播准备资料。

开通抖音直播需要准备以下资料：

（1）以本人身份证办理的手机号码；

（2）抖音号必须是主播本人，须经过抖音实名认证（身份证号及人脸识别）；

（3）主播需要年满 18 周岁，未成年人禁止开通直播权限；

（4）要选一个好公会，最好是排名前十的 S 级公会，分成高，管理也好。

步骤2：注册账号。

在抖音上注册账号非常简单。

（1）打开抖音App，输入手机号码，点击"获取验证码"；

（2）输入验证码后进入"完善资料"；

（3）依次设置头像、昵称、生日、性别，即可进入抖音。

步骤3：开通直播权限。

（1）在抖音主页，点击屏幕右下角"我"按钮；

（2）进入"我"界面，点击屏幕右上角"≡"按钮；

（3）在弹出的菜单中选择"抖音创作者中心"；

（4）在弹出的界面中点击"开始直播"按钮；

（5）此时进入拍摄界面，点击"开始视频直播"按钮；

（6）接下来会跳转到实名认证界面，完成实名认证后，再点击界面下端"开始视频直播"按钮就可以开始直播了。

二、快手直播平台

快手直播是直播电商模式中嵌入直播的短视频平台类型。2016年年初，快手上线直播功能，初期快手用户主要分布在二、三线城市，打出的口号是，用有温度的科技提升每个人独特的幸福感。现在我们就来学习如何开通快手直播及快手直播使用技巧。

步骤1：开通快手直播准备资料。

开通快手直播需要准备以下资料：

（1）以本人身份证办理的手机号码；

（2）快手号必须是主播本人，须经过快手实名认证（身份证号及人脸识别）；

（3）主播需要年满18周岁；

（4）提前拍摄好身份证正反面照片、手持身份证照片备用；

（5）提前准备好一个小视频，最长不超过15分钟，建议控制在1分钟内。

步骤2：注册账号。

快手提供多种注册方式，包括手机号码、微信、QQ号等，下面我们以手机号码注册为例进行讲解。

（1）首次登录即为注册过程，需要填写性别、昵称等信息，如图4-1所示；

（2）可以单击右上角"跳过"按钮，直接进入"我"界面，待后期再完善资料也是可以的，登录后界面如图4-2所示。

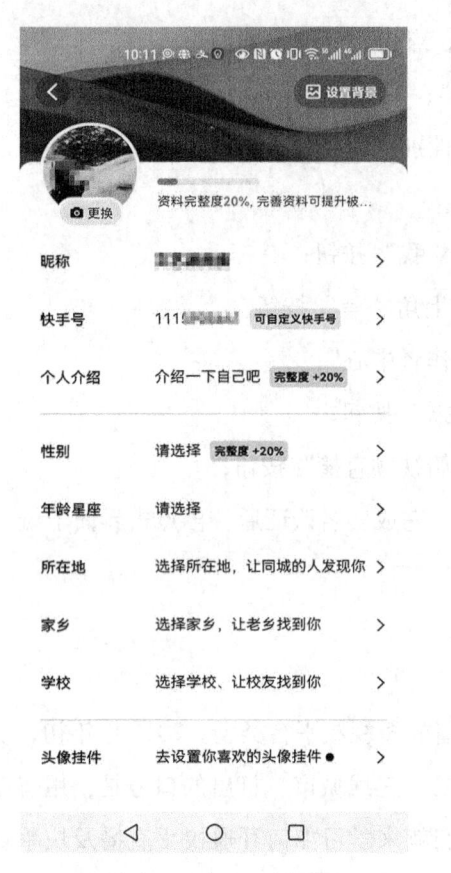

图 4-1 完善资料界面截图　　图 4-2 登录后界面示例

步骤3：开通直播权限。

（1）登录快手 App 后，点击屏幕下方的"首页"按钮，进入首页后，点击左上角的"≡"按钮，如图 4-3 所示；

（2）此时可进入图 4-4 所示界面，在其中单击屏幕下方右侧"设置"按钮，进入界面选择"开通直播"选项，如图 4-5 所示；

（3）首先完成实名认证，点击"实名认证"选项，进行账号验证，如图 4-6 所示；

（4）上传身份证明材料，包括身份证姓名面照片、身份证国徽面照片、手持身份证照片，点击"下一步"按钮，如图 4-7 所示；

（5）输入真实姓名和身份证号，点击"确认提交"按钮，如图 4-8 所示；勾选授权选项，点击"同意授权，并继续"按钮；

项目四　直播平台营销

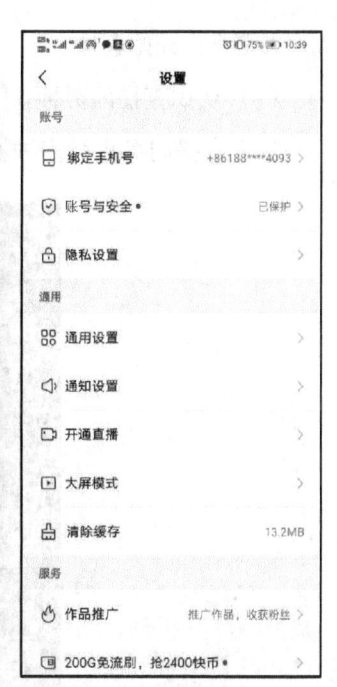

图 4-3　快手 App 首页示例　　　图 4-4　设置界面示例　　　图 4-5　直播间设置示例

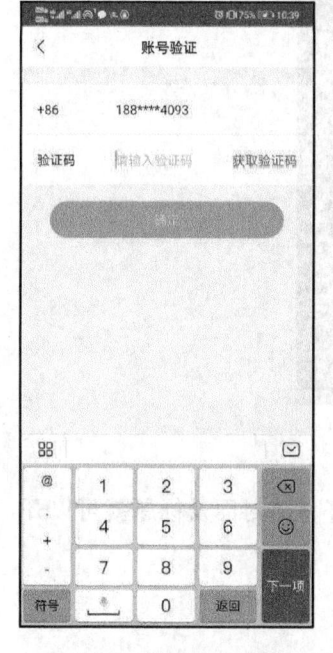

图 4-6　账号验证示例　　　图 4-7　上传身份证明界面截图　　　图 4-8　验证提交示例

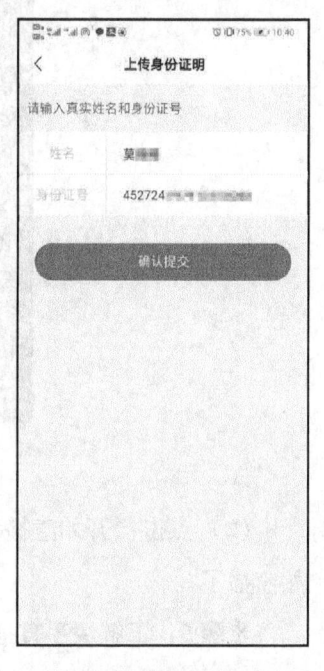

（6）接下来需要添加 6 个以上"粉丝"、发布至少 1 个公开作品、连续观看视频 7 天且每天至少一分钟，满足以上条件后，即可开通直播权限。

步骤4：开始直播。

(1) 认识直播间界面。

进入直播间可进行多种操作，具体内容如图4-9所示。

图4-9 快手直播界面截图

(2) 点击"开始直播"按钮即可进入直播间，设置好直播封面及标题就可以开始直播了。

步骤5：了解快手直播功能和互动技巧。

(1) 直播界面左上方可以添加封面和标题，封面应使用高清图像、构图合理，6字以上的标题更能提高人气；

(2) 坚持发布原创优质作品，形成独特个人风格，通过作品积累"粉丝"；

(3) 打开主播中心，进入"粉丝"数据，根据"粉丝"画像及活跃数据选择

合适的内容和时间点开播,形成固定的开播频率,稳定开播时长,不要随意下播,这样可以培养"粉丝"养成观看习惯;

(4)在个人主页做好直播时间预告,同时发布直播预告作品:什么时间开播、直播什么内容;

(5)准备好直播大纲,设计好开场白和结束语,安排每一个时间点和直播点的内容,如唱歌、话题讨论、与"粉丝"互动、PK环节等,按照时间线形成直播流程;

(6)开启同城定位,可以吸引更多同城观众;

(7)更多学习内容,可进入"首页"——屏幕左上角"≡"——"更多"——"创作者中心"进行学习。

三、淘宝直播平台

淘宝直播是电商模式中嵌入直播的电商平台。2019年天猫"双十一"全天,淘宝直播带来的成交接近200亿元,超过10个直播间引导成交过亿元,超过50%的商家都通过直播获得了销售额的增长,淘宝直播也从第4屏转到了首页显要位置。现在我们就来学习如何开通淘宝直播及淘宝直播使用技巧。

步骤1:开通淘宝直播准备资料。

(1)支付宝账号或淘宝账号(用于登录App);

(2)淘宝主播App可以销售自己店铺的商品,建议开播前准备好商品并放入购物车中;

(3)通过前两个直播平台的学习我们基本了解了直播的一些基本方法,建议做好直播前的准备工作,如对产品的熟悉了解、基本话术和基本直播流程的规划等。

步骤2:主播入驻。

(1)打开淘宝主播App,可以通过支付宝账号或淘宝账号进行登录,登录后点击界面上方"立即入驻,即可开启直播"按钮,进入认证界面,如图4-10所示;

(2)点击图4-11所示的"去认证"按钮进入认证界面,点击"同意协议,开始认证"按钮,进行人脸识别,如图4-12所示;

(3)根据向导完成认证,认证通过后选择"同意以下协议"选项,然后点击"完成"按钮完成认证,完成后即可点击"立即开播"按钮进行直播了。

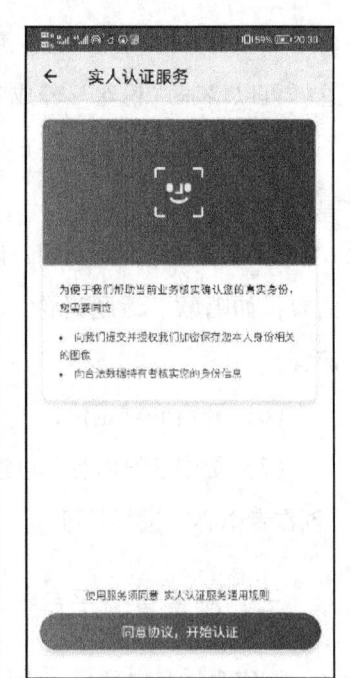

图4-10 认证界面截图　　图4-11 主播入驻认证界面截图　　图4-12 实人认证服务界面截图

步骤3：开始直播。

（1）认识直播间界面。

开始直播之前，需完成如下操作，具体设置内容如图4-13所示。

淘宝直播封面图的设置有如下要求。

①封面图不要带有文字（除平台要求的角标之外）；

②尺寸规范：750×750像素（首页），1120×630像素（第二张）；

③不使用拼接非常明显的图片；

④图片中商品不要杂乱堆砌；

⑤不使用表情包类型的图片；

⑥内衣等贴身衣服不出现任何人物、模特等元素；

⑦如直播间无明星参与直播，不可使用明星作为封面图；如直播间有明星参与直播，可使用明星作为封面图，但需提供相关的授权文件等信息。

淘宝直播标题要求：

①文字简洁；

②实事求是；

③不能出现"测试"等字样;

④不能出现利益点,如秒杀、送赠品等信息及特殊符号;

⑤须与直播标签相符。

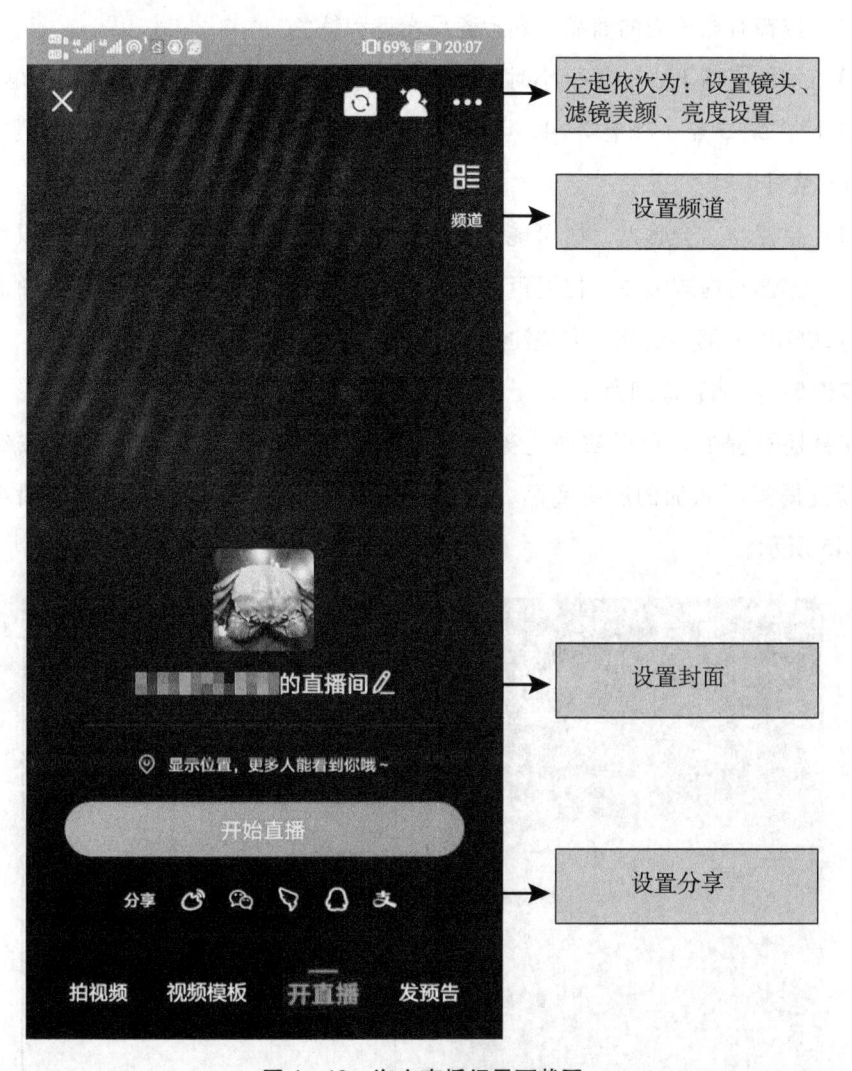

图 4-13 淘宝直播间界面截图

(2)开始直播之后,可以实时添加商品、查看直播实时数据。

(3)点击"更多"按钮,可以进行同步、推广、营造氛围、PK、"粉丝"连麦等活动。

步骤4:了解淘宝直播新手主播技巧。

与抖音、快手不同,淘宝直播以带货为主,这与淘宝大平台多年的积累有关,因此,进入淘宝直播间的"粉丝"一般以购物或看商品为主,淘宝新手主播在直播时可以使用以下技巧。

（1）发布直播预告。提前发布直播预告为直播活动预热，当直播开始时就可以获得部分外部流量。

（2）选择有竞争力的商品，熟悉商品卖点和特色。

（3）每场直播不少于4个小时。晚上建议更久一点。建议一天两场，早上7—12点，下午2—5点，晚上7—11点任选，对于新主播来说，避开高峰时段才能产生差异化竞争。

（4）会互动，会聊天，尽可能地回复每一条评论。刚上播的时候问候每一位"粉丝"，感谢与提醒关注，拉近距离；在直播间展现真实的自己，在淘宝平台来看直播的80%以上都是女性，多关注女性"粉丝"群体的需求。

步骤5：添加直播间商品。

在直播过程中，可以实时上架商品。只需点击界面下方"添加"按钮，选择本场直播需要添加的所有商品，即可实时添加发布店铺中的商品，如图4-14、图4-15所示。

图4-14 添加商品示例　　　　图4-15 选择商品示例

四、爱逛直播平台

爱逛直播是直播电商模式中自媒体直播这一类型。爱逛直播是一个小程序形态的直播导购平台，于2019年5月1日开放公测，接受商家报名进场。爱逛直播是有赞云战略合作伙伴、有赞云开发者，帮助中小微商家，只要开通有赞就可以开通直播，直接在微信生态进行直播，是私域直播较好的代表，重要的是打通了购买环节，流程非常流畅。现在我们就来学习如何开通爱逛直播及爱逛直播使用技巧。

步骤1：开通爱逛直播准备资料。

开通爱逛直播的商家需要满足三个条件：

（1）有赞微商城付费商家；

（2）通过企业/个人认证；

（3）支持"担保交易"。爱逛直播会针对在爱逛平台内产生的付款订单，收取成交额2%作为直播技术服务费，由有赞系统自动实现分账。

步骤2：开通爱逛直播。

（1）下载并安装"爱逛卖家版"App，打开进入注册界面，如图4-16所示，填写账号、验证码、密码后进入开通爱逛号界面，如图4-17所示；

（2）点击"立即开通"按钮进入认证界面，设置爱逛号昵称、头像，然后点击"立即认证"按钮，如图4-18所示；

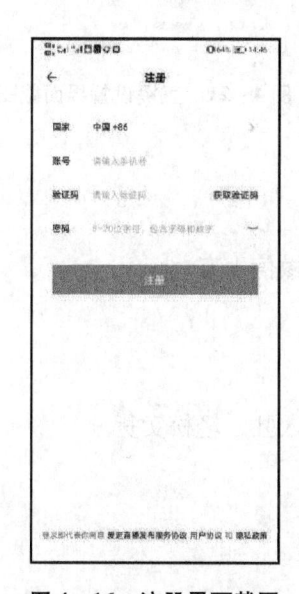

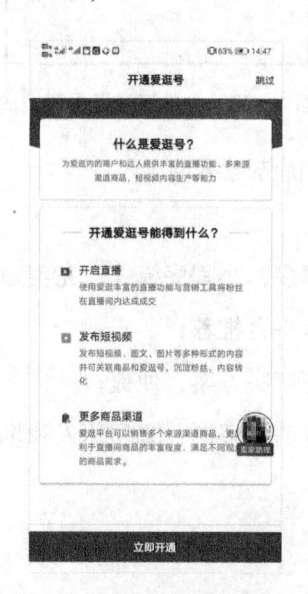

图4-16　注册界面截图　　图4-17　开通爱逛号界面截图　　图4-18　认证界面截图

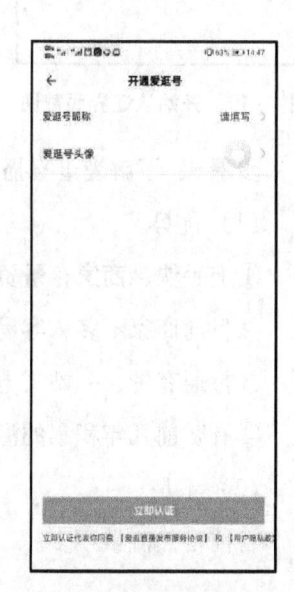

(3) 点击"开始认证"按钮，如图 4-19 所示，上传身份证正反面照片，即可完成认证，如图 4-20 所示；

(4) 进入爱逛卖家版主页，点击"立即直播"，如图 4-21 所示，在其中设置直播标题、频道栏目、直播商品等内容，点击"下一步"进入直播间，点击"开始直播"即可。

以上操作是专门针对卖家使用的爱逛直播 App。如果作为买家或浏览者，只需要进入微信搜索"爱逛"小程序，即可看到各种卖家的直播视频。

图 4-19　开始认证界面截图 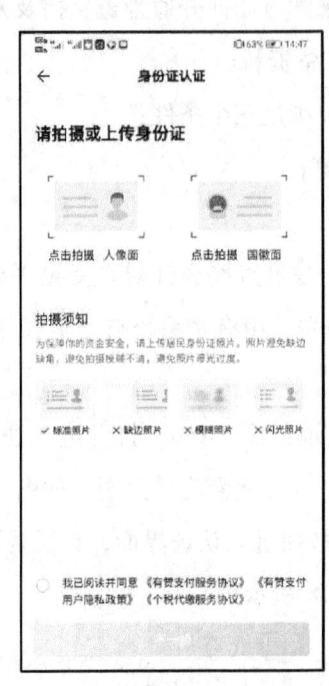　　图 4-20　身份证认证界面截图 　　图 4-21　直播设置界面截图

步骤 3：了解爱逛直播的优势与不足。

(1) 优势。

①上手快、商家存量资源多，小程序模式，完美融合微信生态；

②目前商家不多，容易被平台推荐；

③打通有赞，一站式电商解决方案，便捷；

④有赞前几年积累的海量商家资源，方便达人和机构入驻，轻松卖货。

(2) 不足。

目前自然流量不多。

知识链接

公域流量直播与私域流量直播

提到直播大家想到的都是抖音、快手直播,这些都属于公域流量直播,公域流量简而言之就是一个公共区域的流量,是大家共享的流量,是各流量平台比如淘宝、京东、抖音、快手等带来的流量,不属于企业和个人。

私域流量是和公域流量相对的一个概念,我们可以通过自媒体平台进行直播建立起自己的私域流量,在自己的私域流量里进行交流和直播,这就是私域流量直播。私域流量是企业或个人自主拥有的、免费的、可以自主控制的、多次利用的流量,比如微信公众号、微信个人号。私域流量池里聚集着你的"粉丝"、客户和潜在客户,通过沉淀和积累,可以获取更精准、转化率更高的垂直领域流量。

思政园地

直播规则

1. 直播间不能出现枪支弹药、军用警用类、与国家机关相关的产品和器具,如子弹枪支、迷彩服等;

2. 不可以播放未经授权的新闻类、影视类、游戏类、电台类相关的内容,或刻意模仿相关的官方内容造成观众混淆,如自制的新闻连播;

3. 直播间不得展示和售卖保护动植物以及相关的捕杀器具类产品;

4. 不允许开启金融类、投资类相关的直播,包括股票、基金、证券等,不可以引导观众进行交易;

5. 不得进行在线医疗相关的沟通服务,如代挂号、医疗美容、儿科、眼科、心理咨询等;

6. 不得出现色情、暴力、低俗的相关内容;

7. 不允许出现侵犯他人隐私的相关产品,如定位跟踪、个人信息查询和录音等功能的产品;

8. 不可以出现不符合国家生产标准的产品,如假冒类和劣质类的产品;

9. 不允许出现文物类和补助类产品,如邮票和食盐等。

任务实战

常见直播平台介绍工作单

【工作准备】

是否正常培训：（部门经理填）□到席　□请假　□旷工　原因：

是否遵守纪律：（部门经理填）□严格遵守　□迟到　□早退　□出位　□其他

检查电脑的完好性：□完好　　□故障：报告值班经理并换机

【工作记录】

一、抖音直播平台

步骤1：开通抖音直播准备资料。

开通抖音直播需要准备的资料：

1. _____

2. _____

3. _____

4. _____

步骤2：注册账号。

任务说明：在抖音直播平台完成账号注册，并记录以下注册信息。

昵称：_____　生日：_____　性别：_____　抖音号：_____

个人简介（200字以内）：_____

_____

步骤3：开通直播权限。

1. 是否完成实名认证：□完成　□未完成

2. 是否顺利开通直播权限：□开通　□未开通

二、快手直播平台

步骤1：开通快手直播准备资料。

开通快手直播需要准备的资料：

1. _____

2. _____

3. _____

4. _____

5. _____

步骤2：注册账号。

任务说明：在快手直播平台完成账号注册，并记录以下注册信息。

性别：_____　　昵称：_____　　用户ID：_____

年龄：_____　　所在地：_____　　家乡：_____

学校：_____

个人介绍（255字以内）：_____

_____

步骤3：开通直播权限。

1. 是否完成实名认证：□完成　　□未完成

2. 所添加"粉丝"的账号或昵称（至少6人）：_____

_____

3. 发布公开作品_____个，作品链接：_____

_____

_____

4. 观看作品_____天，每天_____分钟。

5. 是否顺利开通直播权限：□开通　　□未开通

步骤4：开始直播（平台禁止未满18周岁用户开通直播权限）。

任务说明：尝试进行一次快手直播，并将直播情况记录到下表中。

快手直播情况记录

封面设置		标题	
直播时间		直播时长	
新增"粉丝"数		点赞数	
直播中采用的互动玩法			

三、淘宝直播平台

步骤1：开通淘宝直播准备资料。

开通淘宝直播需要准备的资料：

1. _____

2. _____

3. _____

步骤2：主播入驻。

1. 登录账号：□支付宝账号　□淘宝账号

2. 是否完成实名认证：□完成　□未完成

步骤3：开始直播。

1. 淘宝直播封面图的要求：

_____　_____
_____　_____
_____　_____
_____　_____

2. 淘宝直播标题禁忌：

_____　_____
_____　_____
_____　_____

3. 尝试进行一次淘宝直播，并将直播情况记录到下表中。

淘宝直播情况记录

封面设置		标题	
直播时间		直播时长	
选择的频道		是否显示位置	
新增"粉丝"数		观看次数	

步骤4：了解淘宝直播新手主播技巧。

本次直播采用的技巧：

_____
_____

步骤5：添加直播间商品。

完成至少1件商品添加，并记录到下表中（以1件商品为例）。

直播间添加商品记录（以1件商品为例）

宝贝标题			
宝贝详情			
类目		商品价格	
商品库存		运费	

四、爱逛直播平台

步骤1：开通爱逛直播准备资料。

开通爱逛直播需要准备的资料：

1. _____

2. _____

3. _____

步骤2：开通爱逛直播。

任务说明：爱逛直播卖家平台面向商家用户，本任务只做了解并填写以下信息即可。

1. 爱逛直播是一个_____形态的直播导购平台。

2. 爱逛直播是_____云战略合作伙伴、_____开发者。

3. 爱逛直播卖家版注册时需要填写：_____

_____，上传_____正反面照片完成认证。

4. 进入"爱逛卖家版"主页，在其中设置_____等内容，即可开始直播。

步骤3：了解爱逛直播的优势与不足。

1. 爱逛直播的优势：

_____

_____

2. 爱逛直播的不足：

_____

_____

【工作结束】

数据整理及备份：□完成　　□未完成

关机检查：　　　□正常　　□强行关机　　□未关机

整理桌面：　　　□完成　　□未完成

地面卫生检查：　□完成　　□未完成

整理椅子：　　　□完成　　□未完成

任务评价

类别	序号	考核项目	考核内容及要求	优秀	良好	合格	较差
技术考评	1	质量	了解常见的直播平台				
	2		了解直播平台的基本技巧				
	3		能够利用抖音、快手、淘宝、爱逛直播等平台开通直播				
非技术考评	4	态度	学习态度端正				
	5	纪律	遵守纪律				
	6	协作	积极参与团队合作与交流				
	7	文明	保持安静，清理场所				

任务拓展

任务说明：

尝试在抖音平台上进行一次直播活动，要求：

1. 下载安装抖音 App；

2. 完成账号注册及实名认证；

3. 完成直播间基本设置；

4. 完成一场直播，要求时间不少于 10 分钟，至少介绍一种商品。

任务二　直播内容策划与实施

任务描述

小刘经过对各个直播平台的了解，选择用抖音平台作为自己的直播平台，开始直播内容策划与实施。

任务目标

1. 了解常见直播策划的内容；
2. 了解直播的流程和分工；
3. 掌握脚本的撰写方法；
4. 能够完成完整的直播策划及直播流程；
5. 能够在直播流程中遵守法律法规及平台规则。

任务实施

一、直播内容策划

想要打造一个有人气的直播间，提前策划直播的内容是非常有必要的。只有心里熟悉直播流程与细节，才能有条不紊地进行直播，快速提升人气，高效转化流量。

步骤1：确定直播目标。

设定开播的数据目标是衡量一场直播效益最直观的方法，如销售额目标2万元，涨粉目标500人，观看量5万等，复盘时能有直观的考核标准。需要注意的是，目标额的设定是建立在前期数据的基础之上的。

步骤2：排品。

将需要直播的商品排序，最大限度利用流量促使成交额上涨。直播产品的顺序一般遵循"引流款——活动款——利润款——形象款"，让顾客有循序渐进的接受感。尤其在直播的时间较长、产品较多时，更要规划好商品的直播顺序，最大化转化流量。

引流款，顾名思义是用来引流量的产品，通常是用在起号阶段，带来直播阶段的第一波流量。它的特点是受众面广且价格实惠。

活动款是用来做活动的产品，通常是为了清库存、冲销量或者让客户体验品牌。价格不低但是活动折扣大，从而让客户产生购物的冲动。

利润款是引流款的升级，价格相差不大，但配置和性能有明显的提升。大多数客户会倾向于多拿一点钱去买更好的产品，从而提高直播的客单价。

形象款是用来提高品牌形象的产品。产品高质高价高利润，但因为处在产品结构金字塔的顶端，市场窄，受众少，所以不是企业产品利润的主要来源。

步骤3：撰写直播脚本。

一个清楚详细的直播脚本，能让主播更好地掌控直播间的节奏，同时让团队之间的信息保持同步，沟通更顺畅，执行更到位，大大提高带货转化。撰写直播脚本包含以下几个步骤。

步骤3.1：明确直播主题。

直播的主题可以是上新推广、清仓促销、传递品牌信息等。

步骤3.2：确定直播时间。

不同的直播时间段"粉丝"群体不同，6：00—10：00为圈粉时间，12：00—18：00为维护"粉丝"时间，18：00—24：00为黄金时间。

步骤3.3：确定直播人员。

一般包括主播、助播、场控、投手等。直播是动态的过程，涉及人员的配合，场景的切换和道具的展示以及广告的投放，有效的团队配合更利于提高直播间的转化率。

步骤3.4：设计单品脚本。

单品脚本的设计主要在于商品的信任背书，需要提炼商品卖点和利益点，设计商品的视觉化表达，熟悉品牌的介绍和商品的专业知识，才能使顾客产生信赖，有效地引导转化。

步骤3.5：撰写整场脚本。

①1~5分钟，开场预热，聚集人气。可以设置打卡抽奖，不断强调每天定点开播，等"粉丝"陆续进场。

②6~10分钟，预告产品，明确流程。

③10~20分钟，产品讲解，引导下单。合理设计每个产品的时间和话术，把握节奏。每个商品安排的时间可以根据总时间来设定，将今天所有的产品全部走马观花过一遍，不做过多停留，但潜在爆款产品可以重点推荐，商品介绍参考单品脚本。其间场控根据同时在线人数和每个产品的点击转化销售数据，引导主播进行重点演绎的调整。

④最后一小时，做呼声较高商品的返场演绎。

⑤最后十分钟，主播做下期预告，助播见缝插针回复今日商品的问题。

⑥最后一分钟，强调关注主播、下次开播时间及福利。

步骤4：明确直播宣传路径。

明确宣传路径可以从三个方面入手，宣传渠道、内容形式和内容发布频率，在具体操作时，可以参考图4-22。

| 选择目标用户经常登录的平台进行宣传，如微信、微博、论坛等 | 宣传渠道 |

| 选择目标用户喜欢的内容呈现形式进行宣传，如视频、图文等 | 内容形式 |

| 在直播开始前6天、4天、2天、1天分别展开宣传 | 内容发布频率 |

图4-22　宣传路径

二、直播内容实施

步骤1：打开抖音App并登录，如图4-23所示。

步骤2：在系统平台上，完成预告直播信息的设置，包含直播间名称、直播时间、直播标题封面、简介、频道栏目及直播商品。

步骤3：点击"开始视频直播"按钮开始直播，如图4-24所示。

图4-23　抖音App示例　　　图4-24　直播按钮示例

步骤 4：按照直播策划的脚本开始直播。

步骤 4.1：直播开场。可以从如图 4-25 所示的五种开场形式中选择一种。

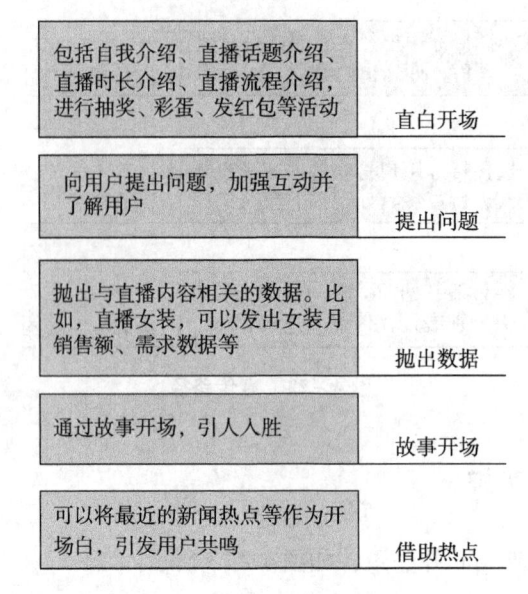

包括自我介绍、直播话题介绍、直播时长介绍、直播流程介绍，进行抽奖、彩蛋、发红包等活动	直白开场
向用户提出问题，加强互动并了解用户	提出问题
抛出与直播内容相关的数据。比如，直播女装，可以发出女装月销售额、需求数据等	抛出数据
通过故事开场，引人入胜	故事开场
可以将最近的新闻热点等作为开场白，引发用户共鸣	借助热点

图 4-25　开场形式

步骤 4.2：进行直播互动。可以选择的直播互动技巧有弹幕互动、参与剧情、红包发放、发起任务和礼物赠送等，如图 4-26 所示。在操作时，可选择其中的一种或几种与观众进行互动，增加观众热情。

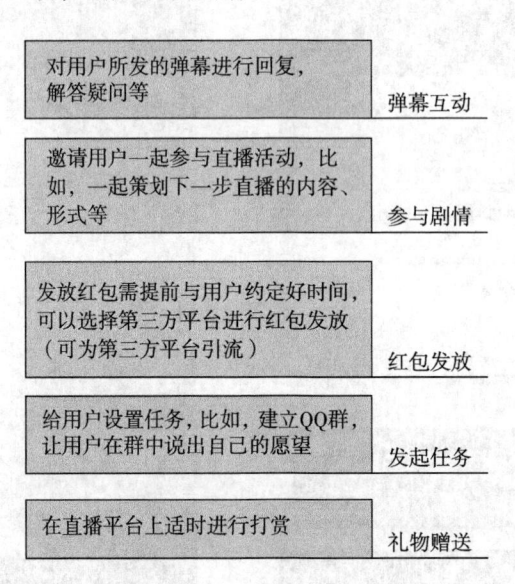

对用户所发的弹幕进行回复，解答疑问等	弹幕互动
邀请用户一起参与直播活动，比如，一起策划下一步直播的内容、形式等	参与剧情
发放红包需提前与用户约定好时间，可以选择第三方平台进行红包发放（可为第三方平台引流）	红包发放
给用户设置任务，比如，建立QQ群，让用户在群中说出自己的愿望	发起任务
在直播平台上适时进行打赏	礼物赠送

图 4-26　直播互动技巧

步骤4.3：介绍产品。

介绍产品时，可以从品牌魅力、官方资质、产品功效、价位、成分、包装设计、促销力度、竞品对比、专家背书、大V口碑、网友好评等方面展开阐释。全面介绍的好处是，总有一点能够打动用户，提高转化率。但全面的另一面是"啰唆"，很多"粉丝"可能听不下去长篇大论。这就要求，介绍每一款产品的时候，先提炼出一个或者两个产品的主推卖点，并且在有限的几分钟之内把产品的卖点讲透。比如，主播可以在重点话术前说一句标志性的话语，让"粉丝"集中注意力收听信息。

在介绍商品时，如果是能够当场试用、试吃、试穿的产品，务必加入产品测试环节。分享使用体验与效果，验证产品功能，激发用户的使用需求与购买欲望，这是直播的优势。

步骤5：直播收尾。

查看销量，二次推荐。简单回顾本次直播的全部商品，重点再介绍主推款和爆款，照顾后进直播间的人，争取再次销售的机会。最后预告下期直播计划，为下次直播聚集人气，增加消费者的黏度。

知识链接

直播间选品

1. 用户有需求的产品

直播带货需要有精准的定位，这就要求主播对"粉丝"有清晰的了解，包括性别、年龄、兴趣爱好、活跃时间等。除了前期的规划，还可以通过数次的直播测试后，根据后台数据反馈出用户的偏好，获知哪种类型的产品才是"粉丝"想要的，调整自己的产品选择方向。

2. 关注热度高的产品

某个网红产品在需求高涨时，都会带来不错的销量。如儿童泡泡相机、猫爪杯、红豆薏米茶，这些产品在火爆时几乎全网都在卖。当然，即使是热度高的产品，也需在直播间里通过互动的形式，了解"粉丝"的需求。并且追热度一定要快，才能有较大利润空间。

3. 性价比高的产品

性价比高并不等同于"便宜"。虽然大部分人都喜欢廉价的商品，但也是建立在"物美"的基础上。性价比高的产品更注重的是让用户觉得实在、放心,这样才能把"粉丝"长期留在直播间,并且避免出现主播信任危机。

4. 有卖点的产品

正所谓巧妇难为无米之炊。没有卖点的产品,大部分主播是很难带动销量的。因此,选品时尽量挑选卖点突出的商品,适当提炼并加以主推,提醒用户下单。

5. 复购率高的产品

直播带货,"粉丝"群体相对稳定,不容易快速增加新客户。所以,产品的购买频次会影响收益及"粉丝"的活跃度,处理不当还会掉粉。

思政园地

网络直播营销管理办法(试行)

第一章 总则

第一条 为加强网络直播营销管理,维护国家安全和公共利益,保护公民、法人和其他组织的合法权益,促进网络直播营销健康有序发展,根据《中华人民共和国网络安全法》《中华人民共和国电子商务法》《中华人民共和国广告法》《中华人民共和国反不正当竞争法》《网络信息内容生态治理规定》等法律、行政法规和国家有关规定,制定本办法。

第二条 在中华人民共和国境内,通过互联网站、应用程序、小程序等,以视频直播、音频直播、图文直播或多种直播相结合等形式开展营销的商业活动,适用本办法。

本办法所称直播营销平台,是指在网络直播营销中提供直播服务的各类平台,包括互联网直播服务平台、互联网音视频服务平台、电子商务平台等。

本办法所称直播间运营者,是指在直播营销平台上注册账号或者通过自建网站等其他网络服务,开设直播间从事网络直播营销活动的个人、法人和其他组织。

本办法所称直播营销人员,是指在网络直播营销中直接向社会公众开展营销的个人。

本办法所称直播营销人员服务机构,是指为直播营销人员从事网络直播营销活动提供策划、运营、经纪、培训等的专门机构。

从事网络直播营销活动,属于《中华人民共和国电子商务法》规定的"电子商务平台经营者"或"平台内经营者"定义的市场主体,应当依法履行相应的责任和义务。

第三条　从事网络直播营销活动,应当遵守法律法规,遵循公序良俗,遵守商业道德,坚持正确导向,弘扬社会主义核心价值观,营造良好网络生态。

第四条　国家网信部门和国务院公安、商务、文化和旅游、税务、市场监督管理、广播电视等有关主管部门建立健全线索移交、信息共享、会商研判、教育培训等工作机制,依据各自职责做好网络直播营销相关监督管理工作。

县级以上地方人民政府有关主管部门依据各自职责做好本行政区域内网络直播营销相关监督管理工作。

第二章　直播营销平台

第五条　直播营销平台应当依法依规履行备案手续,并按照有关规定开展安全评估。

从事网络直播营销活动,依法需要取得相关行政许可的,应当依法取得行政许可。

第六条　直播营销平台应当建立健全账号及直播营销功能注册注销、信息安全管理、营销行为规范、未成年人保护、消费者权益保护、个人信息保护、网络和数据安全管理等机制、措施。

直播营销平台应当配备与服务规模相适应的直播内容管理专业人员,具备维护互联网直播内容安全的技术能力,技术方案应符合国家相关标准。

第七条　直播营销平台应当依据相关法律法规和国家有关规定,制定并公开网络直播营销管理规则、平台公约。

直播营销平台应当与直播营销人员服务机构、直播间运营者签订协议,要求其规范直播营销人员招募、培训、管理流程,履行对直播营销内容、商品和服务的真实性、合法性审核义务。

直播营销平台应当制定直播营销商品和服务负面目录,列明法律法规规定的禁止生产销售、禁止网络交易、禁止商业推销宣传以及不适宜以直播形式营销的商品和服务类别。

第八条　直播营销平台应当对直播间运营者、直播营销人员进行基于身份证件信息、统一社会信用代码等真实身份信息认证，并依法依规向税务机关报送身份信息和其他涉税信息。直播营销平台应当采取必要措施保障处理的个人信息安全。

直播营销平台应当建立直播营销人员真实身份动态核验机制，在直播前核验所有直播营销人员身份信息，对与真实身份信息不符或按照国家有关规定不得从事网络直播发布的，不得为其提供直播发布服务。

第九条　直播营销平台应当加强网络直播营销信息内容管理，开展信息发布审核和实时巡查，发现违法和不良信息，应当立即采取处置措施，保存有关记录，并向有关主管部门报告。

直播营销平台应当加强直播间内链接、二维码等跳转服务的信息安全管理，防范信息安全风险。

第十条　直播营销平台应当建立健全风险识别模型，对涉嫌违法违规的高风险营销行为采取弹窗提示、违规警示、限制流量、暂停直播等措施。直播营销平台应当以显著方式警示用户平台外私下交易等行为的风险。

第十一条　直播营销平台提供付费导流等服务，对网络直播营销进行宣传、推广，构成商业广告的，应当履行广告发布者或者广告经营者的责任和义务。

直播营销平台不得为直播间运营者、直播营销人员虚假或者引人误解的商业宣传提供帮助、便利条件。

第十二条　直播营销平台应当建立健全未成年人保护机制，注重保护未成年人身心健康。网络直播营销中包含可能影响未成年人身心健康内容的，直播营销平台应当在信息展示前以显著方式作出提示。

第十三条　直播营销平台应当加强新技术新应用新功能上线和使用管理，对利用人工智能、数字视觉、虚拟现实、语音合成等技术展示的虚拟形象从事网络直播营销的，应当按照有关规定进行安全评估，并以显著方式予以标识。

第十四条　直播营销平台应当根据直播间运营者账号合规情况、关注和访问量、交易量和金额及其他指标维度，建立分级管理制度，根据级别确定服务范围及功能，对重点直播间运营者采取安排专人实时巡查、延长直播内容保存时间等措施。

直播营销平台应当对违反法律法规和服务协议的直播间运营者账号，视情采取警示提醒、限制功能、暂停发布、注销账号、禁止重新注册等处置措施，保存记录并向有关主管部门报告。

直播营销平台应当建立黑名单制度，将严重违法违规的直播营销人员及因违法失德造成恶劣社会影响的人员列入黑名单，并向有关主管部门报告。

第十五条　直播营销平台应当建立健全投诉、举报机制，明确处理流程和反馈期限，及时处理公众对于违法违规信息内容、营销行为投诉举报。

消费者通过直播间内链接、二维码等方式跳转到其他平台购买商品或者接受服务，发生争议时，相关直播营销平台应当积极协助消费者维护合法权益，提供必要的证据等支持。

第十六条　直播营销平台应当提示直播间运营者依法办理市场主体登记或税务登记，如实申报收入，依法履行纳税义务，并依法享受税收优惠。直播营销平台及直播营销人员服务机构应当依法履行代扣代缴义务。

任务实战

直播内容策划与实施工作单

【工作准备】

是否正常培训：（部门经理填）□到席　□请假　□旷工　原因：

是否遵守纪律：（部门经理填）□严格遵守　□迟到　□早退　□出位　□其他

检查电脑的完好性：□完好　　□故障：报告值班经理并换机

【工作记录】

一、直播内容策划

步骤1：确定直播目标。

观看人数：＿＿＿＿＿＿＿＿　评论数：＿＿＿＿＿＿＿＿

新增"粉丝"数：＿＿＿＿＿＿　下单数：＿＿＿＿＿＿＿

销售量：＿＿＿＿＿＿＿＿　　销售额：＿＿＿＿＿＿＿＿

步骤2：排品。

直播商品的顺序：_____

_____

步骤3：撰写脚本。

直播脚本

直播主题				直播时间	
直播人员					
流程	时长	步骤	直播稿内容		
开场		开场介绍			
		发红包、宣布福利			
预告		预告产品			
讲解产品		讲解第一款产品			
		发放福利			
		讲解第二款产品			
		发放福利			
		讲解第三款产品			
		发放福利			
返场		回顾产品完成所有活动			
结束					

【任务提示】

案例:

"蚕丝助好眠,睡出好肌肤"直播脚本

直播主题	618喜团圆品牌蚕丝被买就送好礼专场		直播时间	
直播人员				
流程	时长（分钟）	步骤	直播稿内容	
开场	2	开场介绍	各位进入直播间的家人们,大家晚上好!进入直播间的家人们一定不要错过我们今晚"蚕丝助好眠,睡出好肌肤"的618喜团圆品牌蚕丝被买就送好礼专场哦。想要感受高品质睡眠、100%桑蚕丝被的宝宝们点一下关注,加入我们的"粉丝"团,才能享受今天的618买蚕丝被送蚕丝被的特大福利哦。家人们一定要多多分享我们的直播间,今晚有很多直播间大奖在等着大家,我们的直播间在22点准时开始,今晚618活动专场只有2小时哦,平时没有的优惠都在直播间了,所以已经进来的家人千万不要走开,一会直播期间还有一波又一波的"红包雨"送给大家!欢迎×××"粉丝"进来,欢迎×××"粉丝"进来,新进来的家人可以先把我们直播间关注起来,动动你们的小手点击我的头像点关注,就可以开启你的蚕丝生活初体验,一年四季睡眠无忧。	
	5	发红包、宣布福利	家人们,晚上好,我是您的品质生活小管家"丝丝"。今天是我们广西河池环江喜团圆"蚕丝助好眠,睡出好肌肤"高品质蚕丝被618买就送好礼大促专场。感谢直播间新进来的家人以及开播前就守候在直播间的家人们,今晚您轻轻地来了,我们将会带着您开启"丝丝亲柔,自然好睡,越睡越美"的品质生活。 直播间的家人们来自全国各地,说起广西环江应该有所耳闻不会太陌生,环江是全国唯一的毛南族自治县。环江农民约32.3万人,其中养蚕农户约占75%。环江是广西农业(桑蚕)产业科技重点示范县,多次被评为"广西十佳桑蚕生产基地县""中国优质茧丝生产基地"。了解我们环江优质蚕丝以及喜团圆品牌的朋友,更是不容错过我们今晚买蚕丝被送美容蚕茧送儿童蚕丝被的活动。我们这里有一年四季适用、轻柔贴身、全家老小都可以使用的不同规格的蚕丝被,可以满足您不同的需求。今天的秒杀和礼品也是非常丰富的,同时大家也要记得点赞以及关注我们的直播间,加入我们的"粉丝"团,这样才能享受到今天的福利哦,家人们点点关注不迷路,开启缘分第一步!新来的家人马上关注直播间,家人们一定要多多分享我们的直播间,分享越多,中奖概率越高。今晚直播间跟大家分享的是来自我们广西河池环江的著名蚕丝被品牌"喜团圆",100%双宫茧,优质纯手工,长丝蚕丝被!我们喜团圆年产能达到1万床以上,只做高品质的高端蚕丝被,因为质量上乘、价格实在,所以深受客户好评,并且全国各地都有销售。我们喜团圆品牌立志要让更多的人知晓并且用上我们国货之光——广西的民族品牌喜团圆蚕丝被,把更多的既实惠又好用的产品分享给大家! 直播间的"粉丝"家人们,5分钟后就开始我们今天第一波抽奖了,还没有点关注的家人上方点个关注,加入我们的"粉丝"团,5分钟后就可以参与抽奖了,奖品是我们的新品价值99元的蚕丝乳胶枕!哇,太给力了,今晚618大促专场,开场就有高端礼品抽奖活动!家人们不要走开,继续守候直播间,还有更多直播间惊喜等着你哦。	

续 表

流程	时长（分钟）	步骤	直播稿内容
预告	8	预告产品	家人们，现在大家的生活水平越来越高，高品质的生活质量也是大家一直在追求的，我们在忙碌的一天工作与学习后，好的睡眠是必不可少的，那么贴身物品被子的选择也是好睡眠的关键。这么多材质的被子为什么要选择桑蚕丝的呢？首先，桑蚕丝是一种天然纤维，它是集轻、柔、细于一体的，是其他类的纤维不能比的，所以桑蚕丝素有"纤维皇后"的美称。同时桑蚕丝中含有大量的人体所需的氨基酸以及天然多孔性蛋白纤维等成分，所以它对于人体来说是非常有益的，同时舒适程度很高。再者，桑蚕丝的透气性和保暖性都很高，它不会让人在熟睡时感觉到闷热而蹬被子，也不会让人出现皮肤过敏等反应。而且桑蚕丝对水分子有一定的控制能力，它能够吸收水分也能够消散水分，从而保证被子能够自动调整湿度，保证接触你的皮肤始终没有干燥的感觉。桑蚕丝的生产过程都是非常环保的，因为蚕宝宝对于生长的环境是非常敏感的，养蚕对于温度、湿度、阳光等方面都必须严格控制。所以在这种环境下吐出来的蚕丝是纯天然的，非常珍贵。 来到直播间的家人们，我们喜团圆品牌一直以来用的都是最优质的100%桑蚕丝，最舒适的面料，最耐心的手工，生产最好的蚕丝被。这个被子我们老板自己用、家人用、亲戚用、朋友用，很多老客户用后又介绍给他们的亲朋好友。单是这份信任，我们很骄傲，也辜负不起。 今晚618促销专场优惠大酬宾，家人们不妨放心购买我们的好产品，我们跟大家整体介绍一下喜团圆品牌的美容蚕丝被。 1. 喜团圆1斤的夏凉被，原价1040元，直播间到手价450元。 2. 喜团圆3斤的春秋被，原价2640元，直播间到手价1050元。 3. 喜团圆5斤的暖冬被，原价4240元，直播间到手价1650元。 4. 喜团圆2+4斤子母被，原价5280元，直播间到手价2100元，我们今晚的重磅产品，额外赠送价值300元的儿童蚕丝被一床。 5. 喜团圆蚕丝乳胶枕秒杀活动，原价99元，秒杀价9.9元，限量10份。 另外所有今天下单的家人们（秒杀除外），都可以得到价值30元的美容蚕茧一个，家人们可以感受一下用蚕丝来美容护肤的乐趣！同时我们还有很多的福利和大奖等着大家，进来的家人们不要离开哦！ 1. 随机截图抽奖，有机会获得价值30元的美容蚕茧一个； 2. 进直播间的家人，每观看满15分钟，就能获得一次抢红包的机会； 3. 今晚互动抽取幸运家人，直播间赠送价值30元的美容蚕茧一个； 4. 分享我直播间排名前三的家人们，我们赠送价值99元的喜团圆蚕丝乳胶枕一个。
讲解产品	10	讲解第一款产品	直播间的家人们，蚕丝被让大众喜欢且爱不释手是有原因的。第一，它可以促进我们的睡眠，因为蚕丝中含有18种氨基酸，这些氨基酸散发出细微分子又叫"睡眠因子"，它可以使人的神经处于较安定的状态。盖上蚕丝被能增进睡眠，增强人体活力，延缓衰老。第二，蚕丝被的恒温性很好，天热时又能排出多余的热量，使被内温度保持舒适，又能降低睡眠时心脏和血管承受的过大负荷和压力，使您睡得更舒适、香甜、健康。第三，蚕丝被的抗菌性极佳，桑蚕丝本身具有天然的抗菌性，科学实验证实蚕丝被在防螨、抗菌、抗过敏等方面具有独特功效。第四，蚕丝被也是美容被，具有美容保健功效哦。家人们，天然蚕丝中，含有一种叫"亲水侧链氨基酸"的物质，能吸收人体排出的汗液的水分，并加以排除，维持被内干爽，保持舒适，对风湿症、关节炎、皮肤病尤其有益。

续 表

流程	时长(分钟)	步骤	直播稿内容
讲解产品	10	讲解第一款产品	这么好用又舒适的蚕丝被大家都有需求，今晚我们喜团圆的蚕丝被款式非常丰富，大家跟着我们的镜头一起来看看。 1. 有1斤的夏凉被，线下价格1040元，今天直播间只要450元。这个天气，开空调盖被那是最舒服的了，不冷不热，这款夏凉被，我跟你讲，真的是绝绝子啊，是我们返场呼声最高的蚕丝被，已经销售上千张了，太舒服，太柔软了。另外想要厚一点的，我们也有2斤的夏凉被，直播间到手价750元。想要1斤的扣1；要2斤的扣2，等下我们详细讲讲。 2. 还有就是我们3斤的春秋被，线下价格2640元，今天直播间只要1050元。像一些早晚温差比较大的地方，如云南丽江，现在用也非常合适了。北方比较冷的地区，我们也有4斤的春秋被，直播间到手价1350元。想要3斤的扣个3；要4斤的扣个4。 3. 连冬天用的暖冬被我们都为你准备好了，这款5斤的蚕丝被，线下价格4240元，今天直播间只要1650元。现在反季节购买，那是相当划算，我告诉你，用优惠券购买，那是超实惠的，今天我们有全场通用的300元超值优惠券。我们也有6斤的蚕丝被，像现在这个季节，如果在新疆乌鲁木齐，这个桑蚕丝被是能用得上的，今天直播间到手价只要1950元。想要5斤的扣个5；要6斤的扣个6，让我看看。 4. 今天还有2+4斤的子母被，夏天用薄被，冬天用厚被，超级实用，一年四季被子不用愁，买它就对了。线下价格5280元，今天直播间只要2100元。而且，最重要的是只要今天在我们直播间购买2+4斤子母被的，强调一下只限今天，额外赠送小朋友用的，价值300元的0.8斤的蚕丝被一张，真的是太划算了，买到就是赚到，而且我们库存也不多，大家要抓紧！想要的家人在评论里扣"想要"。不管你家是换被子，还是添置新被子，不管你是自己用，还是送家人朋友的，不管您是夏天用还是冬天用，春天用还是秋天用，我们全都有！真是超贴心！我都迫不及待想拿来给大家看看了，待会儿我们还有很多的秒杀，所以大家先关注起来。而且我们老板发话了，只要今天购买喜团圆蚕丝被的，都可以得到一个美容蚕茧！告诉你们啊，这个美容蚕茧我之前单独买，还要30块钱一个呢，也太划算了吧！家人们一定要多多分享我们的直播间，分享越多，中奖率越高。祝关注主播的家人们，坐东楼，住西楼，吃喝啥也不愁。
	5	发放福利	很多家人们问，说好的直播间"红包雨"呢，我们的红包来了，来抢一波红包哈，8秒钟，别错过！"红包雨"来了。每天领取之后，在我们喜团圆直播间买东西，都可以使用。像刚才的那个蚕丝乳胶枕和蚕丝被都可以用，（拿手机展示红包）我们定时会有红包，这一波的条件是观看每满15分钟就有一波"红包雨"啊，从你打开进入直播间开始计算，满15分钟后就会有一波"红包雨"，你千万不要离开直播间，因为你离开了就中断了，就要重新计算时间了，所以不要离开，一直观看到满15分钟，系统就会弹出来提醒你，你就可以领取红包了，在我们的喜团圆直播间都可以使用。红包数量很多，我每次都能中，我就不跟大家抢了，记得观看满15分钟，不要离开哦。已经抽奖的家人可以继续观看，满15分钟后，又能领到下一波红包了。

续 表

流程	时长(分钟)	步骤	直播稿内容
讲解产品	10	讲解第二款产品	来，我们一起来看看今晚的直播间爆款——喜团圆的蚕丝被，目前我们看到的第一款是1斤的夏凉被哈，是我们家的爆款产品啊，一个月卖了1000床，去年的618当天销售突破600单，好评率99%，很多客户用了之后都推荐家人朋友来购买。这款蚕丝被采用的是双宫茧、长丝制作的蚕丝被。夏凉被为什么叫夏凉被呢？看一下，家人们，因为它有一个超级厉害的地方，夏天在空调房盖着的时候，会让你有柔而不滑、温而不凉、润而不湿的触感。摸一下，绝绝子，那叫舒服。来，我们可以看看这个蚕丝被使用的蚕茧，我们重点讲，因为喜团圆品牌，在我们广西的手工蚕丝被行业，那是数一数二的，我们的品牌原材料基地是在全国桑蚕茧产量最大的县，大家知道是哪里吗？是我们广西河池环江毛南自治县，说起我们环江，那可就厉害了，已经获得了"中国优质茧丝生产基地"和"广西十佳桑蚕生产基地"的称号。有心急的家人已经迫不及待问价格了，今天直播间的价格一定会给到大家最高的优惠，大家可以先把我们直播间关注起来，等下一起参加我们的抽奖活动。同时也可以多多转发我们的直播间，转发分享前三名的家人，还有机会得到价值99元的蚕丝乳胶枕一个！
	5	发放福利	来，家人们注意了，又到了我们送福利的时间，我们先截图来一波，直播间的家人们，打上"喜团圆蚕丝被"，我们可以抽5个人，先截图，抽5个，送的就是我们喜团圆的美容蚕茧，暗号是"喜团圆蚕丝被"，来，5、4、3、2、1，截图，非常的实惠，先关注起来。口号一定不要打错，"喜团圆蚕丝被"。来看看是谁中奖了，分别是××××。口号打错的家人很抱歉不能得到我们的礼品。家人们一定要多多分享我们的直播间，分享越多，中奖率越高。22：45还有一波"红包雨"，大家不要走开。我们今晚还有价值99元的蚕丝乳胶枕秒杀活动，以及分享我们直播间前三的家人，还能获得价值99元的蚕丝乳胶枕一个，非常超值，大家关注起来，多多分享哦。 我们的红包来了，来抢一波红包，8秒钟，"红包雨"来了。每天领取之后，在我们喜团圆直播间买东西，都可以使用。像刚才的那个蚕丝乳胶枕和蚕丝被都可以用。（拿手机展示红包）我们定时会有红包，这一波的条件是观看每满15分钟就有一波"红包雨"，从你进入直播间开始计算，满15分钟后就会有一波"红包雨"，你千万不要离开直播间，因为你离开了就中断了，就要重新计算时间了，所以不要离开，一直观看到满15分钟，系统就会弹出来提醒你，你就可以领取我们的红包了，在我们的喜团圆直播间都可以使用。红包数量很多，记得观看满15分钟，不要离开。
	30	余下产品	参考上面两款
返场	10	回顾产品完成所有活动	好，我看到很多人都在拍夏凉被，还没下单的抓紧了，1斤的夏凉被在1号链接，直播间到手价450元，这个品质、这个价格，打着灯笼都找不到，一会就要没了。新的被子做出来也需要时间的，有些家人等不了这么久哈。来，再加一点量，这个被子真的很好，今天的价格也非常实惠哈。这次我们选的这几款都是非常实用的，质量真的"绝绝子"啊。

续　表

流程	时长（分钟）	步骤	直播稿内容
返场	10	回顾产品完成所有活动	蚕丝被好处不用我多说了，促进睡眠、恒温性好，而且还有防止螨虫、抗菌的功效，敏感肌肤也同样可以使用。一些患有风湿症、关节炎及皮肤病的朋友，更需要我们的蚕丝被，它能吸收人体排出的汗液的水分，并加以排除，维持被内干爽，保持舒适，有一定的保健作用。另外有些朋友有过敏性鼻炎，我们家里普通的被子会存大量的灰尘，稍不注意鼻炎就会发作，非常难受。但是蚕丝被本身不容易产生静电，不容易产生静电就不会吸附空气中的粉尘，不会引起鼻炎的发作。今天我们2+4斤的子母被还额外赠送价值300元的儿童蚕丝被一床，重量大概是0.8斤！这次福利比618还实惠，只有2+4斤子母被才能赠送，在7号链接，到手价2100元，家人们不要拍错了。我刚看了一下库存，只剩5床了，过了今天就没有这么优惠的赠品了，家人们注意是7号链接，赶紧拍。这么好的被子，来自我们广西自己的品牌喜团圆，一定要让更多的人知道和了解我们广西环江，世界自然遗产地的桑蚕丝有多好。今天拍下被子的家人们，全部赠送一个美容蚕茧，可以用来洗脸、拍爽肤水，养颜美肤。我们3号链接的春秋被，也没剩多少了，3斤春秋用的蚕丝被，到手价1050元。数量也不多了，家人们抓紧时间。 另外，我还有一件很重要的事情要告诉家人们，外面大家买的蚕丝被，标注着1斤、2斤、3斤，很多都是含胎套的重量，我们喜团圆的所有蚕丝被，都是净重！如我们的1斤夏凉被，单单蚕丝就有1斤重，不包含胎套的重量！我们保证童叟无欺，大家买的时候放心挑。
结束	2		感谢在线"粉丝"对我们喜团圆的关注，"一丝丝的关注，一被子的幸福"。更感谢从开播时就一直在帮我们分享直播间的三位家人，他们分别是××、××、××。恭喜三位家人获得我们价值30元的美容蚕茧一份，下播后可以联系我们的客服领取。陪伴是最长情的告白，你们的爱意我记在心里了。喜团圆蚕好丝好被更好，暖人暖心暖万家。今天的"蚕丝助好眠，睡出好肌肤"618喜团圆品牌蚕丝被买就送好礼直播专场接近尾声了，下一期开播是××月××日晚上22点，大家点一下关注就能准时看到我们哦！美容从睡眠开始，今晚下单的家人们带走的是每一晚安睡的美梦，愿直播间的家人们睡个好觉、做个好梦，晚安。

步骤4：宣传路径。

直播的宣传渠道：_____

直播的宣传形式：_____

内容发布频率：_____

二、直播内容实施

步骤1：登录账号。

快手App账号：_____

步骤2：完成预告直播信息。

直播间的名称：_____

直播间的简介：_____

步骤3：完成一场3款产品以上的现场直播。

【工作结束】

数据整理及备份： □完成 □未完成

关机检查：　　　 □正常 □强行关机 □未关机

整理桌面：　　　 □完成 □未完成

地面卫生检查：　 □完成 □未完成

整理椅子：　　　 □完成 □未完成

任务评价

类别	序号	考核项目	考核内容及要求	优秀	良好	合格	较差
技术考评	1	质量	了解直播策划的内容				
	2		了解直播的流程和分工				
	3		掌握脚本的撰写方法				
	4		能够完成完整的直播策划及直播流程				
非技术考评	5	态度	学习态度端正				
	6	纪律	遵守纪律				
	7	协作	积极参与团队合作与交流				
	8	文明	保持安静，清理场所				

任务拓展

任务说明：

在快手平台上尝试策划并进行一次直播活动，要求如下：

1. 完成直播策划方案；

2. 完成直播间基本设置；

3. 完成一场直播，要求时间不少于60分钟，至少介绍五种商品。

任务三　直播营销复盘

任务描述

要想让下一次直播效果更好，必须要在下播后进行直播复盘。在完成了直播策划和现场直播后，小刘将进行直播营销复盘。

任务目标

1. 了解什么是直播复盘；
2. 了解直播复盘的步骤；
3. 能够制订并执行直播复盘计划表；
4. 能够对直播内容进行二次营销；
5. 尊重数据客观性，实事求是。

任务实施

一、直播营销复盘

直播复盘是指直播结束后回顾直播过程是否完成预定的目标，根据客观数据与主观表现，记录做得好的地方，使之得到继续发扬，找出不足及时修正，从而不断提高直播效益。

直播复盘的流程包括四步：量化目标、主观分析、数据分析、问题改进。

步骤1：量化目标。

对于新手，由于没有参考项，设定直播的目标稍有难度，很难估计自己的能力可以达成什么目标。

这种情况下，最好的做法就是观察同行，通过同行的数据分析，结合自己的需求，来设定初始的目标。

分析同行或者行业的第三方数据工具很多，如蝉妈妈、知瓜数据等，我们可以找到一些网红、达人、商品的排行榜与自己相关行业的带货数据等。

通过分析同行，我们可以设定涨粉多少，商品点击数多少，订单数多少等，把这些可以量化的数据归总在一起，加上自己预期的数据，生成本场直播的预定目标。

步骤 2：主观分析。

主观分析主要通过直播记录复盘正常直播过程中的主观表现，挑出优点继续发扬，挑出不足进行改善。复盘的内容包括直播间搭建、直播设备调试、主播表现等，观察与分析哪些工作没做到位。

这些能用工作表格的形式体现出来，并且记录操作的情况，考核执行的情况可以根据直播脚本来设定指标。如 3：00 准备主推某款产品，助理要提醒主播衔接，并摆放好产品，到点了能不能执行到位，以差、良、优指标进行评分，从而得出每一项考核情况，最后通过分析能相对明确地找出团队人员的问题所在，有效解决问题。

步骤 3：数据分析。

数据分析在直播中至关重要，想寻求更好的发展以及更大的利润增长空间，就需要做精细化运营，尤其重视数据分析的工作。

直播平台一般都有数据报告，我们可以从中获取到主播、"粉丝"与商品相关数据，然后进行对比分析，一般会着重分析直播时长、"粉丝"停留时长、互动数、增粉数、商品点击数、订单数等重要数据。

抖音直播结束后可从 App 移动端与 PC 端查看不同的数据结果，可对两端进行综合分析。

步骤 3.1：抖音移动端数据分析。

选择抖音 App→抖音创作者中心，即可查看直播的数据。

直播的基础数据包括观众总数、新增"粉丝"数、付费人数、评论人数、收获音浪。

①观众总数：一场直播有多少人看了你的直播；

②新增"粉丝"数：直播期间，有多少人关注了你的账号；

③付费人数：有多少人愿意为你的直播内容进行付费；

④评论人数：有多少人在你直播的时候进行了评论；

⑤收获音浪：音浪是抖音里面的虚拟货币，抖音音浪积累到一定数量，可提现到自己的银行卡或者收付款账号。

直播观众来源包括直播推荐、直播广场、视频推荐、同城、其他。了解直播间的流量到底是从哪里来的，然后根据数据去优化并进行针对性改进。流量来源中直播广场、视频推荐都代表直播获得推荐的流量；如果这两块获得的流量比较多，说明获得的公域流量是比较多的。当你的直播流量来源中推荐流量占比较高时（50%以上），转化新粉占比较低很正常。因为推荐来的流量一般都是比较泛的流量，流量不精准，所以涨粉率低。单场直播新粉转化比低于5%时，就说明陌生用户没有被你的直播内容吸引，影响因素包括人、货、场多方面。假如一场直播新粉转化比低于5%，也就是说新增"粉丝"比较少，则可以看看是不是主播不会活跃气氛，不会引导？主播着装是不是符合"粉丝"的审美？产品是不是没有人喜欢？直播间是不是脏乱差？任何一个数据的背后都隐藏着巨大的价值。

步骤3.2：抖音PC端数据分析。

登陆抖音直播数据平台。

PC端数据包括以下内容。

（1）商品展示次数：商品展示给用户的次数，包括直播间内的弹窗（"粉丝"刚进入直播间的时候，右下角会弹出一个弹窗）、用户点进购物车浏览到商品都算展示。

（2）商品点击次数：用户实际点击商品的次数。假如商品展示1700次，商品点击0次，说明用户没有进行点击，我们推断直播间内主播的引导力、货品的吸引力不足，更深的原因可能是账号的"粉丝"定位与直播间的电商产品不匹配。如你的账号女性"粉丝"比较多，但是你直播间推荐的产品多是男性用品，如剃须刀、汽车用品等，那商品点击次数肯定就不会高。直播间的选品一定要和"粉丝"定位契合，再加上主播的引导，才能呈现比较完美的数据。

（3）引导转化数据：商品详情页访问次数，可以看到有多少人访问了我们的橱窗。假如你的商品详情页访问次数是10，订单量是3，转化率是30%，则说明产品对点击进入直播间的用户吸引力较大。

PC端数据分析还可以看到直播次数、直播时长、用户观看次数、观看总时长、用户平均观看时长等数据。

步骤4：问题改进。

有了主观分析与数据分析的记录，直播存在的问题是很明显的，可以从"人—货—场"的角度分别总结各环节问题，具体可以参考以下几个方面提出改进计划。

（1）提升玩法，多上引流款、秒杀款，让"粉丝"能在你的直播间有获得感。

（2）提升主播讲解引导力、感染力、亲和力和装扮，如幽默的主播会更受欢迎。

（3）货品的类目匹配、性价比、价格与目标人群的匹配。直播带货的核心还是货，尤其是高性价比的好货。毕竟，"粉丝"关注你的直播间，除了对你个人的认可，更重要的是想花更少的钱买到更优质的东西。

（4）提升直播间的布景，根据产品特性搭配直播间，会让"粉丝"感受到场景感，更加容易涨粉。如卖服装的直播间就是服装店、服装工厂，卖护肤品的直播间，陈列的应该是各种各样的护肤品。

二、直播内容营销

步骤1：剪辑直播视频。

在直播结束后，对直播的内容进行重新整理，可以把精彩的地方剪辑出来，发布在会员管理系统的公众号，带动其他没看直播的会员观看。不断巩固已有的会员，形成良性循环。

做好直播视频，对门店的直播和商品都能产生正向的影响，简单来说有以下三点。

第一，内容的整理，除了直播产生的实时影响，还可以利用直播的内容生成复用内容，让直播平台反复使用。

第二，制作视频时，可以根据产品的特点来剪辑，让产品介绍更丰满。

第三，视频会吸引用户点进你的直播间和商城，提高产品的成交率。

步骤2：多渠道分发。

对整理后的视频进行多渠道分发，如分发到抖音、快手、微信、微博等平台，一方面是对本场直播的内容进行留存和吸引新的用户，另一方面相对于直播来说，多渠道分发产生的影响更持久，可以持续为直播间引流。

知识链接

直播数据

1. 人气峰值和平均在线人数

这两个数据决定了直播间的人气，数量太低根本没有变现盈利的可能，一般平均在线50人以上才有直播带货的变现能力。

如果持续维持在50人以下，根据成交额 = 在线人数 × 转化率 × 客单价的公式，很难做出有较大盈利能力的直播间。

2. 平均停留时长

平均停留时长反应的是内容吸引力，平均停留时长越长，说明观众对直播间的兴趣越大，取决于选品能力和主播留人能力。

一般直播间的平均停留时长在 30~60 秒，而好的直播间的平均停留时长在 2 分钟以上，这就需要非常好的选品技巧以及主播的个人魅力。

有新"粉丝"进来之后的欢迎语、与观众的互动技巧、最详细的产品介绍资料等都是影响平均停留时长的因素，有能力的团队可以努力把数值做大，对直播间标签的建立和自然流量推荐都有非常好的助力作用。

3. 带货转化率

带货转化率＝下单人数/总场观人数，这是综合维度的一个考量，最重要的因素就是主播的带货能力。

行业平均水平在 1% 左右，好的主播能做到 3%，但要注意，明星的转化率一般都会偏低，因为明星自带"粉丝"流量，大部分"粉丝"是带着观赏的目的进入直播间的，因此购买欲望不一定会很高，明星直播间的转化率一般在 0.5% 左右。

4. UV 价值

UV 价值＝成交额/总场观，代表每个观众对直播间的贡献值，高 UV 价值也表示"粉丝"拥有极强的购买能力，可以用更好的高利润产品深挖"粉丝"的消费潜力。

直播间中位数的 UV 价值在 1 左右，好的直播间的 UV 价值可以达到 3~5，甚至最高的场次可以做到 10 以上，所有精准"粉丝"的引入是实现直播间高 UV 价值的决定性因素。

思政园地

网络直播营销管理办法（试行）

第三章　直播间运营者和直播营销人员

第十七条　直播营销人员或者直播间运营者为自然人的，应当年满十六周岁；十六周岁以上的未成年人申请成为直播营销人员或者直播间运营者的，应当经监护人同意。

第十八条 直播间运营者、直播营销人员从事网络直播营销活动，应当遵守法律法规和国家有关规定，遵循社会公序良俗，真实、准确、全面地发布商品或服务信息，不得有下列行为：

（一）违反《网络信息内容生态治理规定》第六条、第七条规定的；

（二）发布虚假或者引人误解的信息，欺骗、误导用户；

（三）营销假冒伪劣、侵犯知识产权或不符合保障人身、财产安全要求的商品；

（四）虚构或者篡改交易、关注度、浏览量、点赞量等数据流量造假；

（五）知道或应当知道他人存在违法违规或高风险行为，仍为其推广、引流；

（六）骚扰、诋毁、谩骂及恐吓他人，侵害他人合法权益；

（七）传销、诈骗、赌博、贩卖违禁品及管制物品等；

（八）其他违反国家法律法规和有关规定的行为。

第十九条 直播间运营者、直播营销人员发布的直播内容构成商业广告的，应当履行广告发布者、广告经营者或者广告代言人的责任和义务。

第二十条 直播营销人员不得在涉及国家安全、公共安全、影响他人及社会正常生产生活秩序的场所从事网络直播营销活动。

直播间运营者、直播营销人员应当加强直播间管理，在下列重点环节的设置应当符合法律法规和国家有关规定，不得含有违法和不良信息，不得以暗示等方式误导用户：

（一）直播间运营者账号名称、头像、简介；

（二）直播间标题、封面；

（三）直播间布景、道具、商品展示；

（四）直播营销人员着装、形象；

（五）其他易引起用户关注的重点环节。

第二十一条 直播间运营者、直播营销人员应当依据平台服务协议做好语音和视频连线、评论、弹幕等互动内容的实时管理，不得以删除、屏蔽相关不利评价等方式欺骗、误导用户。

第二十二条 直播间运营者应当对商品和服务供应商的身份、地址、联系方式、行政许可、信用情况等信息进行核验，并留存相关记录备查。

第二十三条 直播间运营者、直播营销人员应当依法依规履行消费者权益保护责任和义务，不得故意拖延或者无正当理由拒绝消费者提出的合法合理要求。

第二十四条　直播间运营者、直播营销人员与直播营销人员服务机构合作开展商业合作的，应当与直播营销人员服务机构签订书面协议，明确信息安全管理、商品质量审核、消费者权益保护等义务并督促履行。

第二十五条　直播间运营者、直播营销人员使用其他人肖像作为虚拟形象从事网络直播营销活动的，应当征得肖像权人同意，不得利用信息技术手段伪造等方式侵害他人的肖像权。对自然人声音的保护，参照适用前述规定。

第四章　监督管理和法律责任

第二十六条　有关部门根据需要对直播营销平台履行主体责任情况开展监督检查，对存在问题的平台开展专项检查。

直播营销平台对有关部门依法实施的监督检查，应当予以配合，不得拒绝、阻挠。直播营销平台应当为有关部门依法调查、侦查活动提供技术支持和协助。

第二十七条　有关部门加强对行业协会商会的指导，鼓励建立完善行业标准，开展法律法规宣传，推动行业自律。

第二十八条　违反本办法，给他人造成损害的，依法承担民事责任；构成犯罪的，依法追究刑事责任；尚不构成犯罪的，由网信等有关主管部门依据各自职责依照有关法律法规予以处理。

第二十九条　有关部门对严重违反法律法规的直播营销市场主体名单实施信息共享，依法开展联合惩戒。

第五章　附则

第三十条　本办法自 2021 年 5 月 25 日起施行。

任务实战

直播营销复盘工作单

【工作准备】

是否正常培训：（部门经理填）□到席　□请假　□旷工　原因：

是否遵守纪律：（部门经理填）□严格遵守　□迟到　□早退　□出位　□其他

检查电脑的完好性：　□完好　□故障：报告值班经理并换机

【工作记录】

一、直播复盘

对任务二的直播进行复盘。

步骤1：量化目标。

原设定的开播目标：

a. 观众总数：_____　　b. 新增"粉丝"：_____

c. 商品点击数：_____　d. 付费人数：_____

e. 评论人数：_____　　f. 收获音浪：_____

g. 其他_____

步骤2：主观分析。

直播复盘之主观分析

月　日直播复盘（主观分析）		
项目	内容	完成情况
直播封面图	封面设计切合主题、突出重点	差□　良□　优□
直播海报图	设计精美、有吸引力	差□　良□　优□
直播脚本大纲	撰写直播主题，确定环节大纲	差□　良□　优□
直播产品上架	将需要展示的商品统一放商品架，突出爆品	差□　良□　优□
直播奖品	确定奖品、数量、成本估算	差□　良□　优□
问题预设	撰写主播串词话术建议	差□　良□　优□
预热引流	公众号、朋友圈等预热效果	差□　良□　优□
场景布置	灯光、音乐、产品摆放、后台桌子等	差□　良□　优□
直播权益宣导	记住直播利益点，做到多次宣传	差□　良□　优□
镜头画面布局	镜头将产品和人物置于画面内比较和谐的比例	差□　良□　优□
直播引导	引导关注、点赞等互动	差□　良□　优□
直播内容	商品展示、产品背书	差□　良□　优□
直播辅助	协助提醒商品和进度以及注意事项	差□　良□　优□
即时数据调控	根据数据及时调整销售策略	差□　良□　优□
突发事件处理	顺利处理突发事件	差□　良□　优□

步骤3：数据分析。

直播复盘之数据分析

月 日直播复盘（数据分析）			
主播		直播主题	
直播时间		直播时长	
开播前"粉丝"数		涨粉量	
"粉丝"转化率		评论人数	
商品点击次数		成交金额	
转化率		成交订单	
"粉丝"停留时长		视频推荐	直播推荐：　　%
商品点击排行			视频推荐：　　%
			关注流量：　　%
			同城流量：　　%
			其他流量：　　%

备注：

步骤4：问题改进。

直播复盘之问题改进

	优点	问题	改进计划
人			
货			
场			

二、直播营销

步骤1：将任务二的直播内容剪辑成三个以上的小视频。

步骤2：将小视频发布在抖音中，利用短视频进行二次推广。

步骤3：将小视频上传到快手、微博和微信平台中进行宣传。

【工作结束】

数据整理及备份： ☐完成　☐未完成

关机检查：　　　☐正常　☐强行关机　☐未关机

整理桌面：　　　☐完成　☐未完成

地面卫生检查：　☐完成　☐未完成

整理椅子：　　　☐完成　☐未完成

任务评价

类别	序号	考核项目	考核内容及要求	优秀	良好	合格	较差
技术考评	1	质量	了解什么是直播复盘				
	2		了解直播复盘的步骤				
	3		能够制订并执行直播复盘计划表				
	4		能够对直播内容进行二次营销				
非技术考评	5	态度	学习态度端正				
	6	纪律	遵守纪律				
	7	协作	积极参与团队合作与交流				
	8	文明	保持安静，清理场所				

任务拓展

任务说明：

1. 复盘任务二中的任务拓展直播；

2. 将该直播的精彩部分剪辑成五个以上的小视频；

3. 选择三个平台进行二次推广。

项目五　其他网络新媒体营销方式

📃 项目情境

在打造新媒体营销矩阵时,小刘发现身边有很多人在玩抖音、快手等视频 App。不仅如此,目前还有多种其他营销方式,如百度知道、小红书、今日头条等,这些平台有很大的用户流量,并且绝大多数平台都是免费的。因此,基于多渠道宣传的考虑,小刘决定在"小鲜范"的新媒体营销矩阵中,加入短视频营销、问答营销、口碑营销、内容营销四种营销渠道。

🔧 学习目标

本项目旨在引导学生学习并掌握短视频营销、问答营销、口碑营销、内容营销的相关知识与技能,与微信营销、微博营销、直播营销等共同构成新媒体营销矩阵。

☯ 项目导图

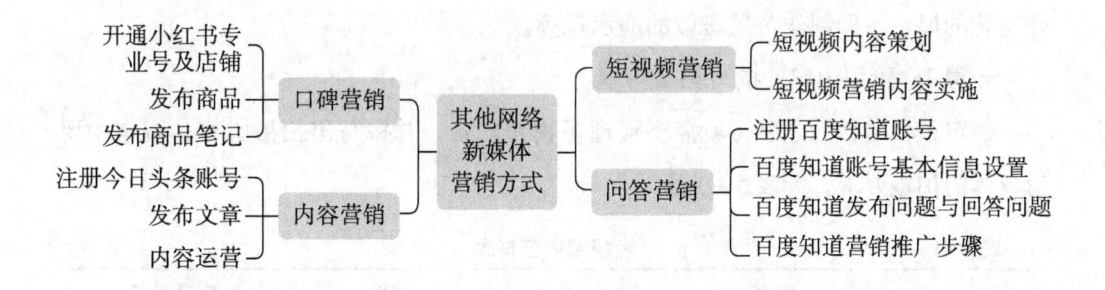

```
                开通小红书专
                业号及店铺
                                              短视频内容策划
                  发布商品 ── 口碑营销        短视频营销
                                              短视频营销内容实施
                 发布商品笔记         其他网络
                                     新媒体
                                     营销方式                注册百度知道账号
               注册今日头条账号                               百度知道账号基本信息设置
                  发布文章  ── 内容营销        问答营销
                                                            百度知道发布问题与回答问题
                  内容运营                                   百度知道营销推广步骤
```

任务一　短视频营销

■ 微信扫一扫
■ 码上就能学

任务描述

随着短视频营销的崛起,小刘在打造新媒体营销矩阵时力求扩大宣传力度,将短视频营销也纳入其中。小刘通过短视频营销内容策划与实施两部分来完成短视频营销。

任务目标

1. 了解常见的短视频营销平台;
2. 掌握短视频营销内容策划的方法;
3. 能够对短视频营销内容进行实施;
4. 能够在短视频内容创作中遵守相关法律法规,践行社会主义核心价值观。

任务实施

一、短视频营销内容策划

短视频营销主要从目的、内容、推广三个方面进行策划,具体操作如下。

步骤1:确定短视频营销的目的。

确定短视频营销的目的会为短视频内容策划提供方向,可以是商品短片、商品制作过程、"粉丝"互动、品牌文化、优惠活动等。小刘将营销目的定位为商品制作工艺的展示,即制作芒果班戟的演示视频。

步骤2:策划内容,撰写拍摄脚本。

确定了营销目的之后,就需要整理短视频内容,并撰写出拍摄脚本,脚本中要有具体的拍摄要求,如表5-1所示。

表5-1　　　　　　　短视频内容脚本

文案	时长	拍摄要求
最近很多朋友说,能不能给大家展示一下如何制作芒果班戟,今天,小刘就满足大家的要求。	30秒	人物出镜 中镜头
……	……	……

步骤3：策划短视频推广渠道。

目前的短视频传播渠道有媒体渠道、播放器渠道、"粉丝"渠道、推荐渠道等，推荐渠道主要是通过平台推荐获取播放量，如今日头条、抖音等；媒体渠道是借助媒体平台进行传播获取播放量，如新浪微博、腾讯视频等；"粉丝"渠道是基于平台"粉丝"进行传播获取播放量，如秒拍、美拍等。

在挑选视频发布平台及推广渠道时，切忌盲目跟风，应该结合自身品牌调性、产品特点、用户属性和营销目标进行合理规划，可以借助表5-2所示的表格进行梳理：

表5-2　　　　　　　　　　　短视频推广渠道规划

渠道	平台
媒体渠道	
播放器渠道	
"粉丝"渠道	
推荐渠道	

二、短视频营销内容实施

短视频营销内容实施包括短视频录制、剪辑、发布、推广和优化几个部分，具体操作如下。

步骤1：选择视频录制平台。

短视频录制可以通过短视频拍摄App进行录制，常见的有抖音、美拍、秒拍、快手、梨视频等。短视频平台对比如表5-3所示。

表5-3　　　　　　　　　　　短视频平台对比

平台	优势
抖音	这是现在用户最为活跃的一个短视频App，抖音的slogan（口号）是"记录美好生活"，要求视频具备美感，更时尚、更年轻化。抖音的IP塑造更为关键，偏向视频带货，直播为辅
美拍	具有自动配乐、智能剪辑、顶级滤镜等功能，首创MV特效，视频美颜、实时美肌
秒拍	主要面向发布视频的人，是一个集观看、拍摄、剪辑、分享于一体的超强短视频工具

续 表

平台	优势
快手	用户可以用照片和短视频记录自己的生活点滴，也可以通过直播与"粉丝"实时互动
梨视频	专业新闻短视频平台，专注提供精彩的一手短视频报道，涵盖许多领域，成为拍客立享收益，离线下载轻松观看，还有独家原创内容，原创精品短视频

小刘经过对比，选择美拍 App 进行视频录制。

步骤 2：下载并安装视频录制 App。

在手机应用市场中搜索"美拍"，如图 5-1 所示，下载并安装美拍 App。

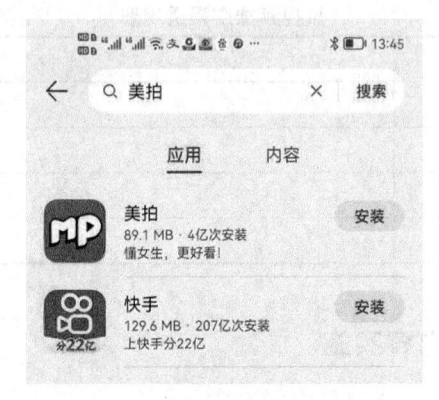

图 5-1 搜索美拍应用示例

步骤 3：登录视频录制 App。

打开已经安装好的美拍 App，注册账号并登录。美拍 App 支持一些常用的社交工具登录，如新浪微博、微信、QQ、手机号等，适用于大众人群，如图 5-2 所示。

图 5-2 美拍登录界面截图

步骤4：录制短视频。

点击 App 主页下方的摄像图标，即可开始进行录制。拍摄完成后，用户可以添加滤镜或内置 MV 模板，采用多种特效，如情书、摩登时代、樱花、百老汇等，选择内置的背景音乐，为短视频配乐，如图 5-3、图 5-4 所示。

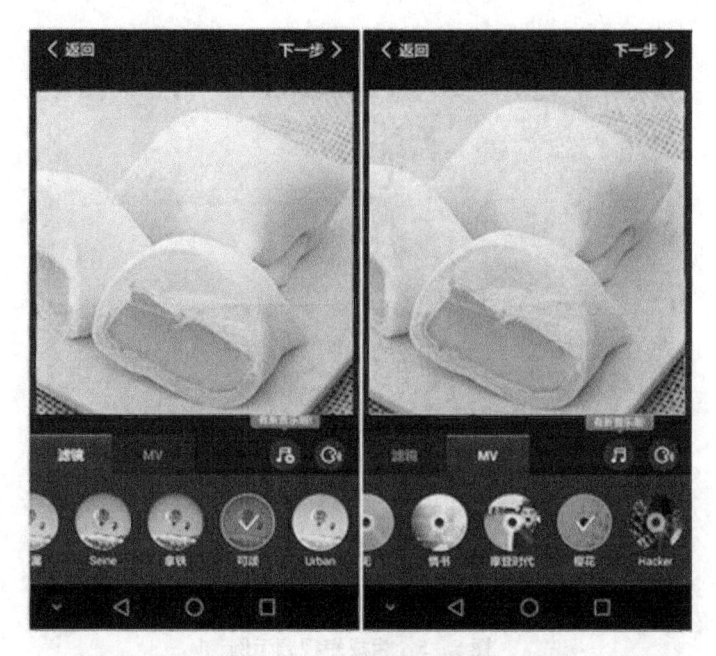

图 5-3　美拍添加滤镜示例

图 5-4　美拍添加背景音乐示例

录制短视频时，可以采用三脚架固定手机，然后按照撰写的拍摄脚本进行录制。

步骤5：生成短视频。

录制完成后，用户选择不同的滤镜和应用内置的 MV 模板，对视频自动分段，配乐并添加滤镜后就会打包成一个完整的短视频，如图 5-5 所示。

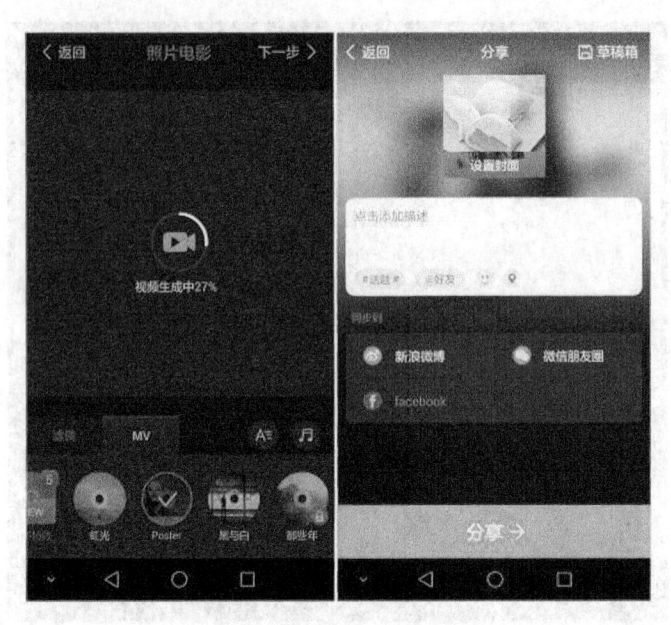

图 5-5　生成短视频示例

步骤6：剪辑短视频。

按照脚本录制短视频时，可能会出现一些错误，如台词读错、重复制作步骤等，可以选择视频剪辑工具，如爱剪辑、快剪辑等，进行视频剪辑。小刘选择的是"快剪辑"软件。

步骤6.1：安装并打开"快剪辑"软件。

在电脑应用中搜索"快剪辑"软件，下载软件，按照安装步骤，将其安装到电脑上，并打开"快剪辑"软件，如图 5-6 所示。

步骤6.2：导入视频。

左侧"添加剪辑"栏中，可以添加视频和图片，将已经录制好的视频添加进来。

步骤6.3：剪辑视频。

如需剪辑掉不需要的内容，只需将指针停留在该位置上，点击"小剪刀"图标将视频拆分开，点击不需要的片段右上角的"垃圾箱"图标删除即可。

图 5-6　打开"快剪辑"页面截图

步骤 6.4：导出短视频。

剪辑完成后，按照提示，"编辑声音"—"保存导出"—"开始导出"，将视频导出至指定位置。

步骤 7：发布短视频。

根据已经筛选好的短视频平台，如抖音 App、微博、腾讯视频等，发布视频。

步骤 8：推广和优化。

为了让制作好的短视频能够获得良好的展现，推广和优化是必不可少的，如微信视频号、今日头条、QQ 空间、Bilibili 等平台。

知识链接

短视频内容策划注意事项

1. 要重视用户体验感

短视频内容越来越多，用户对于短视频的要求也越来越高，在策划短视频内容时要重视用户的体验感，不要只把用户当成播放量的一个数据，重视"粉丝"，播放量自然就来了。

2. 注重互动性和参与性

短视频重点不在于短,也不在于视频,关键在于观众,视频应该围绕观众来构架,围绕观众构架视频很重要的一点就是互动性,特别是互动性对于推荐量的影响非常明显。

3. 尽量保证短视频内容的创意度

短视频囿于时间的限制不适宜承载信息量过大的内容,需要表现出创造力、独特性和原创性。在创作题材方面,可以将产品、功能属性等融入创意,可以结合流行文化趋势或者当下热点。

思政园地

网络短视频内容审核标准细则(2021)

为提升短视频内容质量,遏制错误、虚假、有害内容的传播和蔓延,营造清朗网络空间,根据国家相关法律法规、《互联网视听节目服务管理规定》和《网络视听节目内容审核通则》,制定本细则。

依据网络短视频内容审核基本标准,短视频节目及其标题、名称、评论、弹幕、表情包等,其语言、表演、字幕、画面、音乐、音效中不得出现以下具体内容:

(一)危害中国特色社会主义制度的内容;

(二)分裂国家的内容;

(三)损害国家形象的内容;

(四)损害革命领袖、英雄烈士形象的内容;

(五)泄露国家秘密的内容;

(六)破坏社会稳定的内容;

(七)损害民族与地域团结的内容;

(八)违背国家宗教政策的内容;

(九)传播恐怖主义的内容;

(十)歪曲贬低民族优秀文化传统的内容;

(十一)恶意中伤或损害人民军队、国安、警察、行政、司法等国家公务人员形象和共产党党员形象的内容;

(十二)美化反面和负面人物形象的内容;

（十三）宣扬封建迷信，违背科学精神的内容；

（十四）宣扬不良、消极颓废的人生观、世界观和价值观的内容；

（十五）渲染暴力血腥、展示丑恶行为和惊悚情景的内容；

（十六）展示淫秽色情，渲染庸俗低级趣味，宣扬不健康和非主流的婚恋观的内容；

（十七）侮辱、诽谤、贬损、恶搞他人的内容；

（十八）有悖于社会公德，格调低俗庸俗，娱乐化倾向严重的内容；

（十九）不利于未成年人健康成长的内容；

（二十）宣扬、美化历史上侵略战争和殖民史的内容；

（二十一）其他违反国家有关规定、社会道德规范的内容。

任务实战

短视频营销工作单

【工作准备】

是否正常培训：（部门经理填）□到席　□请假　□旷工　原因：

是否遵守纪律：（部门经理填）□严格遵守　□迟到　□早退　□出位　□其他

检查电脑的完好性：　□完好　□故障：报告值班经理并换机

【工作记录】

一、短视频内容策划

步骤1：确定短视频营销的目的。

小刘确定短视频营销的目的：_____

步骤2：策划内容，撰写拍摄脚本。

任务说明：

1. 商品设定：广西百色芒果；

2. 短视频定位为产品软广，尽量以较"软"的方式植入广告；

3. 短视频时长为15~30秒，镜头以10~17个为宜；

4. 镜头的衔接要符合逻辑；

5. 根据以上要求撰写短视频内容脚本。

短视频内容脚本

镜头序号	场景画面	时长	拍摄要求	文案
1				
2				
3				
4				
5				
6				
7				
8				
9				
10				

【任务提示】

案例：

"六堡茶短视频制作"内容脚本

镜头序号	场景画面	时长	拍摄	配音	文案字幕
1	三源六堡茶×2	3秒	平移到人，特写（近景）	温情舒缓的音乐	酒桌上拼酒，伤肝
2	倒水泡茶	2秒	特写		茶桌前品茶，暖心
3	揭开茶盖	1秒			人生如茶
4	倒出茶水	1秒		—	水温不够就再热一热
5	拿起杯子喝茶	2秒	近景		茶汤太烫
6	表演被烫到	3秒			那就放一放
7	摇摇头	1秒		—	纯粹点
8	放下杯子	1秒			拿得起，更放得下
9	茶水滴入盖碗	1秒	特写		有舍才有得
10	表演：享受地品茶	8秒	中景，镜头从人横移到产品	—	所谓千秋大业一杯茶
11	两罐三源六堡茶＋一小堆茶叶	5秒			来，喝杯六堡茶
12	—	3秒			点赞、关注、评论、转发

步骤3：策划短视频推广渠道。

推荐渠道：_____

媒体渠道：_____

"粉丝"渠道：_____

播放器渠道：_____

任务说明：根据步骤2任务中的产品"广西百色芒果"选择合适的视频发布平台及推广渠道，并完成下表。

短视频推广渠道规划

渠道	平台
媒体渠道	
播放器渠道	
"粉丝"渠道	
推荐渠道	

二、短视频营销内容实施

步骤1：选择视频录制平台。

任务说明：

1. 对各个短视频录制平台优势进行对比，完成下表。

2. 经过对比，任务中的"广西百色芒果"短视频选择_____平台进行视频录制。

短视频平台对比

平台	优势
抖音	
美拍	
秒拍	
快手	
梨视频	

步骤2：下载并安装视频录制App。

安装的视频录制App：_____

步骤3：登录视频录制App。

注册登录账号：_____

步骤4：录制短视频。

录制的短视频添加滤镜：_____

MV 模板：_____配乐：_____

步骤 5：生成短视频。

步骤 6：剪辑短视频。

选择的剪辑软件：_____

请你写出剪辑短视频的操作步骤：

(1) _____

(2) _____

(3) _____

(4) _____

步骤 7：发布短视频。

短视频的发布平台：_____

步骤 8：推广和优化。

短视频推广和优化平台：_____

【工作结束】

数据整理及备份：　□完成　　□未完成

关机检查：　　　　□正常　　□强行关机　　□未关机

整理桌面：　　　　□完成　　□未完成

地面卫生检查：　　□完成　　□未完成

整理椅子：　　　　□完成　　□未完成

任务评价

类别	序号	考核项目	考核内容及要求	优秀	良好	合格	较差
技术考评	1	质量	了解常见的短视频营销平台				
	2		掌握短视频营销内容策划的方法				
	3		能够对短视频营销内容进行实施				
非技术考评	4	态度	学习态度端正				
	5	纪律	遵守纪律				
	6	协作	积极参与团队合作与交流				
	7	文明	保持安静，清理场所				

任务拓展

任务说明：

1. 商品设定：广西柳州螺蛳粉；
2. 短视频定位为产品软广，尽量以较"软"的方式植入广告；
3. 短视频时长为15~30秒，镜头以10~17个为宜；
4. 镜头的衔接要符合逻辑；
5. 根据以上要求完成短视频内容脚本策划、拍摄和剪辑。

任务二　问答营销

任务描述

问答营销是口碑营销的重要组成部分，很多企业可以通过问答营销获得良好的口碑和一部分客户来源，通过问答站点的发问或回答，巧妙地运用软文让自己的产品或者服务植入问答中，达到宣传效果。小刘营销的是广西特色之一——百色芒果，基于用户及产品特色，决定在百度知道上进行问答营销。

任务目标

1. 了解常见的问答营销平台；
2. 掌握百度知道账号注册流程；
3. 能够在百度知道账号上发布问题与回答问题；
4. 掌握百度知道营销推广步骤；
5. 能够在百度知道创作中遵守相关法律法规，践行社会主义核心价值观。

任务实施

一、注册百度知道账号

步骤1： 在浏览器搜索框中输入"百度知道"，如图5-7所示，点击进入百度知道官方网站，或者输入百度知道官网（http://zhidao.baidu.com）进入。

图 5-7 搜索"百度知道"页面截图

步骤 2：进入百度知道首页，点击右上角的"注册"按钮进入账号注册页面。

步骤 3：填写注册信息。

官方默认是手机号注册，完成用户名、手机号、密码、验证码等设置，勾选"阅读并接受《百度用户协议》《儿童个人信息保护声明》及《百度隐私权保护声明》"，然后点击"注册"按钮。

步骤 4：登录账号。

注册完成后即可在百度知道首页点击右上角"登录"按钮进行登录，登录方式有扫码登录、账号登录、短信登录等。

二、百度知道账号基本信息设置

百度知道账号注册完成后，进入账号，需要完善一些基本信息，这样才能让账号拥有自己的风格与标签，包括用户名、头像、邮箱设置、账户保护、兴趣爱好等，具体操作如下。

步骤 1：账号设置。

登录账号，进入百度知道首页，点击右上角的账号图标，选择"账号设置"，如图 5-8 所示。

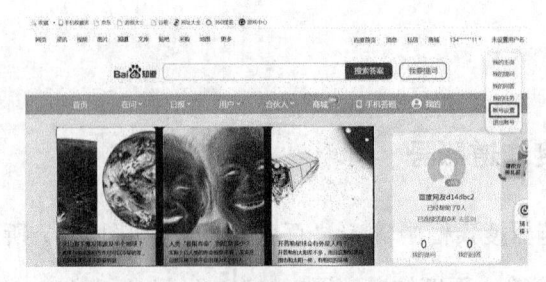

图 5-8 选择"账号设置"页面截图

步骤 2：设置用户名。

进入账号设置后，选择"设置用户名"，进行用户名设置，用户名采用中英文均可，如图 5-9 所示。

图 5-9 设置用户名页面截图

百度知道账号用户名尽量要和内容定位保持一致。小刘是为了卖芒果，他将百度知道账号用户名与网店店招保持一致，起名"小鲜范"。

步骤 3：头像设置。

选择左上角的"修改头像"，进入头像设置页面。如果是个人账号，建议选用真实的个人照片，或者与宣传产品有关的图片；如果是企业账号，建议使用企业 LOGO。在这里，小刘选择用"小鲜范"的店标作为头像。

步骤 4：绑定邮箱。

在账号设置页面左侧点击"绑定邮箱"进入邮箱绑定页面，填写邮箱地址和验证码后即可绑定成功，绑定邮箱后可以使用邮箱登录所有百度产品。

步骤 5：账号保护。

在账号设置页面左侧点击"账号保护"进入账号保护设置页面，可以设置异地登录保护、网页登录保护、用户名登录保护、敏感操作保护等，从而保证自己账号的安全。

步骤 6：添加兴趣。

在百度知道首页点击"我的"，进入"我的知道"页面，可以"添加兴趣"，建立自身的标签，这样有利于系统推荐精准的话题，有利于找到精准的客户。小刘营销的是芒果，所以他把"水果""芒果""美食"等添加为感兴趣的话题。如图 5-10 所示。

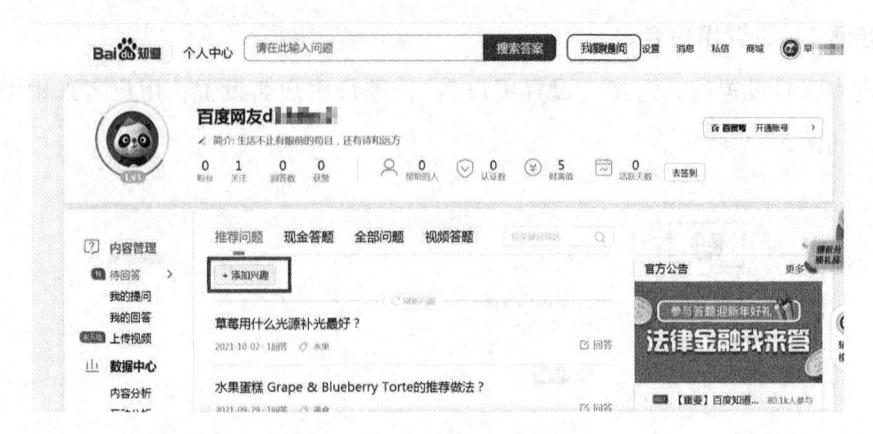

图 5-10 添加兴趣页面截图

三、百度知道发布问题与回答问题

步骤 1：编辑问题标题。

因为小刘营销的产品是芒果，所以可以在个人中心搜索栏中输入要提的问题——"芒果班戟怎么做才好吃？"如图 5-11 所示。

图 5-11 编辑问题标题示例

步骤 2：问题发布。

在问题标题编辑完成后可以点击右侧"我要提问"按钮，进入发帖页面，在发帖页面还可以对自己提交的问题进行补充说明。补充的形式可以是视频、图片等素材，以便获得更好的回答。当一切信息填写完毕后，下拉到页面下方点击提交即可完成问题发布，如图 5-12 所示。

图 5-12　问题发布示例

步骤 3：问题回答。

进入"我的知道",在"推荐问题"栏目下,小刘可以自行浏览所有问题,选择自己能回答的问题点击问题右下角的"回答",如图 5-13 所示。注意回答的字数应当大于 5 个字,编辑好答案提交即可。

图 5-13　问题回答示例

四、百度知道营销推广步骤

步骤 1：注册多个账号。

注册几十个百度账号,将申请的账号记录在表格上。注意同一个 IP 不要注册太多账号,否则会被封号,注册后记得每天登录一下。

步骤 2：培养高级账号。

培养10个高级账号，百度知道等级越高，回答的通过率越高，被采纳为最佳答案的概率也就越高。

步骤3：建立推广互助群。

建立一个百度知道推广互助QQ群或者微信群，然后和其他人轮流提问、回答，如你在百度里面提出一个问题，之后将事先准备好的答案和需要插入的网址发给其他人，让其他人帮你回答，这样审核的通过率会较高。

步骤4：确定推广关键词。

确定要推广的目标长尾关键词，将关键词整理在一个表格中，做好推广的准备工作。

步骤5：准备推广问题与答案。

根据关键词制作好大量的问题，并做好详细的记录。整理被搜索频率高的问题，然后对这些问题按照用户的搜索习惯再重新组合，在适当的地方加入推广的网站，问题、问题补充和答案中都包含该关键词，控制该关键词的密度在3%～8%。

步骤6：提交问题。

步骤7：回答问题。

群里找其他人回答问题或者用高级账号回答问题。回答问题要注意以下几点：不要每天集中一段时间回答问题；自问自答绝对不能是同一IP，否则账号很容易被封；一个账号，在一天内回答问题最好不要超过10个，在同一时段回答问题最好不要超过3个，在百度知道上一天之内最多做2个链接。

步骤8：答案采纳。

采纳答案要保证一定的时间间隔，最好几小时或者几天后再采纳，有几个垫底的回答之后，你再将自己的答案采纳为最佳。

步骤9：顶帖。

问题回答完毕，答案也采纳了，下一步要做的就是顶帖。顶帖的越多，排名越高。

知识链接

常见问答营销平台

1. 百度知道

"百度一下，你就知道"这句广告语大家都十分熟悉，百度知道是目前国内较大的中文互动问答平台，人气相对来说也是比较高的。

2. 搜狗问问

搜狗旗下的互动问答社区，提供问答服务、知识搜索服务。

3. 知乎

针对一些专业领域上的问题，用户可以在知乎上进行深度提问或回答。

4. 爱问知识人

爱问知识人是新浪旗下的问答平台，为用户提供发表提问、解答问题、搜索答案、资料下载、词条分享等知识共享服务。

思政园地

百度知道问题、回答、评论的删除原则

凡符合下列任何情况的提问、回答或评论，都将被删除。

（1）含有色情、暴力、恐怖内容。例如，传播色情图片或其他色情内容；详细描写暴力行为过程和身心体验；详细描写恐怖事件和主观感受；雇用、引诱他人从事暴力活动；恐吓他人；提供符合上述特点的链接。

（2）具有广告性质。例如，为了增加流量而故意引导他人到某个网站或论坛；为某营利性的组织或个人打广告；从事任何物品（包括虚拟物品，如虚拟货币等）的交易；宣传、发展传销活动；提供符合上述特点的链接。

（3）含有反动内容。例如，恶意评价国家现行制度；破坏社会公共秩序；挑起民族、种族、宗教、地域等争端；恶意攻击政府机构与政府官员；宣传迷信活动和邪教组织；提供符合上述特点的链接。

（4）含有人身攻击内容。例如，诽谤他人，散布虚假信息；侵犯他人肖像权、隐私权等其他合法权益；用粗言秽语侮辱他人，造成身心伤害；损害社会团体或组织的名誉；提供符合上述特点的链接。

（5）含有违背伦理道德内容。例如，包含违反社会公共道德的内容；宣扬颓废、消极的人生观；劝诱自杀，描写自杀方法和过程；歧视和贬低弱势群体，如残疾、老龄和经济状况较差群体等；教授侵犯他人权益的方法，如黑客、诈骗等；宣传或劝诱师生恋、外遇等违反伦常的行为；包含其他可能导致他人反感或不快的内容；提供符合上述特点的链接。

（6）具有恶意、无聊和灌水性质的内容。例如，出现真实姓名（非公众人物）和提供电话号码的提问和回答；具有聊天、寻人、征友等特点的提问；标题和补充中提供的信息不足以构成一个问题的提问；问答或评论内容包含有严重影响网友浏览的内容或格式；短时间内多次重复的提问；同一内容被用作多个提问的答复，且完全不针对提问；没有任何意义的提问和回答；其他可判断为灌水的无价值内容。

任务实战

问答营销工作单

【工作准备】

是否正常培训：（部门经理填）□到席　□请假　□旷工　原因：

是否遵守纪律：（部门经理填）□严格遵守　□迟到　□早退　□出位　□其他

检查电脑的完好性：　□完好　□故障：报告值班经理并换机

【工作记录】

一、注册百度知道账号

步骤1：登录百度知道。

百度知道网站的网址：＿＿＿＿＿＿＿＿＿＿＿＿＿＿＿＿＿＿＿＿＿＿＿＿

步骤2：注册账号。

步骤3：填写注册信息。

填写用户名、手机号：＿＿＿＿＿＿＿＿＿＿＿＿＿＿＿＿＿＿＿＿＿＿＿

步骤4：登录百度知道。

百度知道账号的登录方式：＿＿＿＿＿＿＿＿＿＿＿＿＿＿＿＿＿＿＿＿＿

＿＿＿＿＿＿＿＿＿＿＿＿＿＿＿＿＿＿＿＿＿＿＿＿＿＿＿＿＿＿＿＿＿＿

二、百度知道设置账户基本信息

步骤1：登录账号，选择账号设置。

步骤2：设置用户名。

设置的用户名：＿＿＿＿＿＿＿＿＿＿＿＿＿＿＿＿＿＿＿＿＿＿＿＿＿＿

步骤3：头像设置。

选择的头像：_____

步骤4：绑定邮箱。

绑定的邮箱：_____

步骤5：账号保护。

步骤6：添加兴趣。

添加的兴趣：_____

三、百度知道发布问题与回答问题

步骤1：编辑问题标题。

在百度知道上发布的问题：_____

_____

步骤2：问题发布。

在问题补充说明中，能添加的素材形式：_____

_____

步骤3：问题回答。

在百度知道上回答的问题：_____

_____

四、百度知道营销推广步骤

步骤1：_____

步骤2：_____

步骤3：_____

步骤4：_____

步骤5：_____

步骤6：_____

步骤7：_____

步骤8：_____

步骤9：_____

【工作结束】

数据整理及备份：□完成　□未完成

关机检查：　　　□正常　□强行关机　□未关机

整理桌面：　　　　□完成　　□未完成

地面卫生检查：　　□完成　　□未完成

整理椅子：　　　　□完成　　□未完成

任务评价

类别	序号	考核项目	考核内容及要求	优秀	良好	合格	较差
技术考评	1	质量	了解常见的问答营销平台				
	2		掌握百度知道账号注册流程				
	3		能够在百度知道账号上发布问题与回答问题				
	4		掌握百度知道营销推广步骤				
非技术考评	5	态度	学习态度端正				
	6	纪律	遵守纪律				
	7	协作	积极参与团队合作与交流				
	8	文明	保持安静，清理场所				

任务拓展

任务说明：

1. 商品设定：广西柳州螺蛳粉；
2. 完成百度知道账号注册；
3. 在百度知道上发布问题；
4. 在百度知道上回答问题。

任务三　口碑营销

■ 微信扫一扫
■ 码上就能学

任务描述

口碑营销的重要性无须赘述，很多商家深有体会，没有口碑的产品是无法在市场立足的，"烧钱"打广告也"烧"不出好口碑，必须在搞好产品和服务的同时开展口碑营销。结合"小鲜范"的推广需要，小刘准备通过常见口碑营销平台——小红书来进行店铺的推广和宣传。

任务目标

1. 了解口碑营销平台；
2. 能够开通小红书专业号及店铺；
3. 能够在小红书上发布商品；
4. 能够在小红书上发布关联商品的视频笔记；
5. 能够在小红书内容创作中遵守相关法律法规，践行社会主义核心价值观。

任务实施

在小红书上，用户可以通过短视频、图文等形式记录生活点滴，分享生活方式，并基于兴趣形成互动。2023 年 2 月，小红书月活跃用户数已经达到 2.6 亿，其中 70% 的用户是 "90" 后。

一、开通小红书专业号及店铺

小红书目前支持个人开通店铺发布商品，具体操作如下。

步骤 1：下载小红书 App。

在手机应用商店下载并安装小红书 App，如图 5-14 所示。

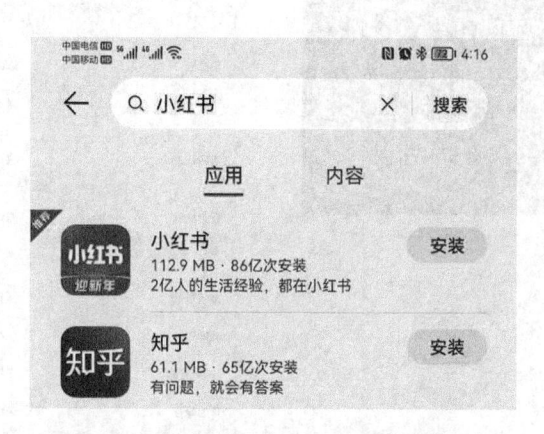

图 5-14 搜索小红书 App 并下载安装示例

步骤 2：登录小红书 App。

打开已经下载的小红书 App，注册账号并登录。小红书支持一些常用的社交工具登录，如新浪微博、微信、QQ、手机号等，适用于大众人群。

步骤3：开通小红书专业号。

小红书的账号分为普通号和专业号，只有开通了专业号，才能拥有开通店铺的权益，享受数据洞察、"粉丝"互动等营销功能，如图5-15所示。

图5-15　小红书专业号赋能

打开小红书后，点击"我"→齿轮图标→"账号与安全"→"升级专业号"申请升级为专业号，如图5-16所示。

图5-16　升级专业号界面截图

根据提示，点选"主体类型"完成"实名认证""绑定手机号""视频认证"等流程后，即可完成专业号的升级，如图 5-17 所示。

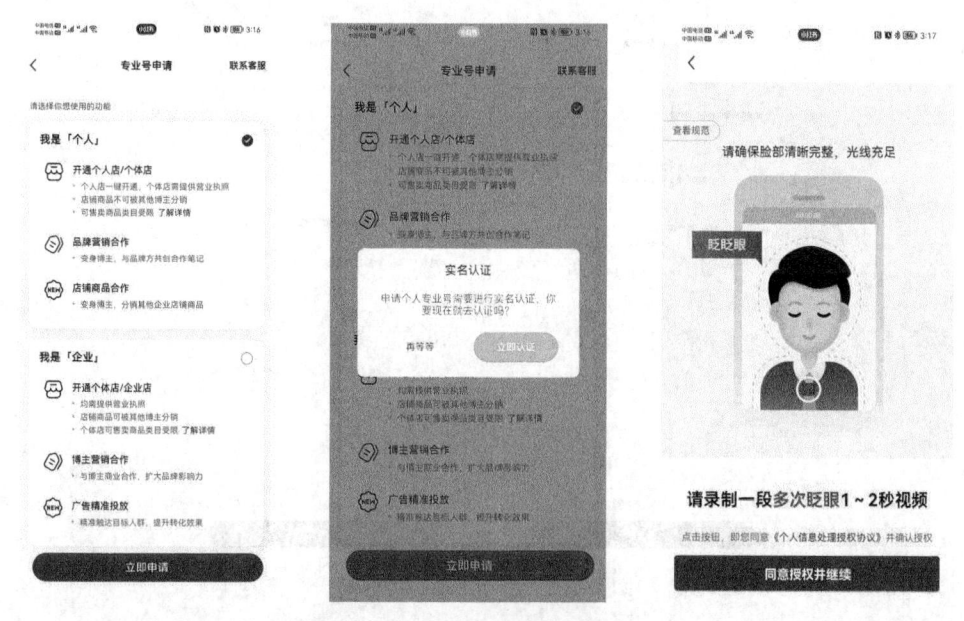

图 5-17 完成专业号升级界面截图

步骤 4：开通店铺。

点击进入"专业号中心"，也可以在小红书"我"界面中点击右上角的"PRO"进入"专业号中心"，申请开通店铺，如图 5-18 所示。

图 5-18 开通店铺界面截图

根据提示选择"入驻店铺类型""主营类目",填写运营者信息后,即可开通小红书店铺,如图5-19所示。

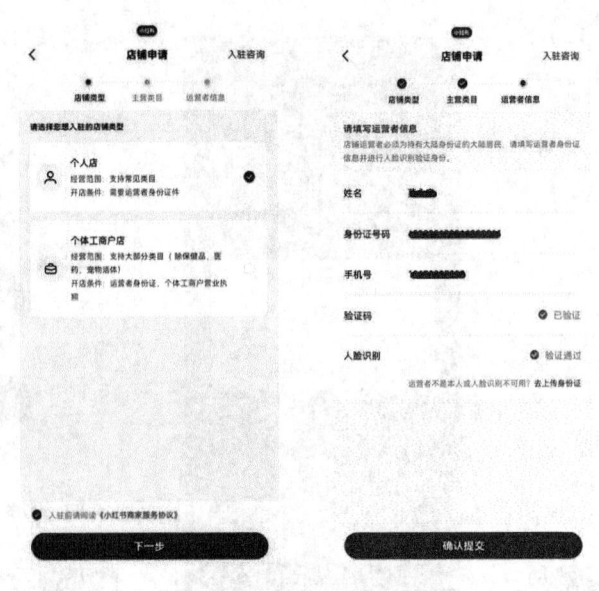

图5-19 店铺申请界面截图

步骤5:完成店铺管理的初始化设置。

在店铺开通界面,根据界面提示,分别完成"经营类型&公示信息""售后信息""客服模式"的设置后就可以发布商品了,如图5-20所示。

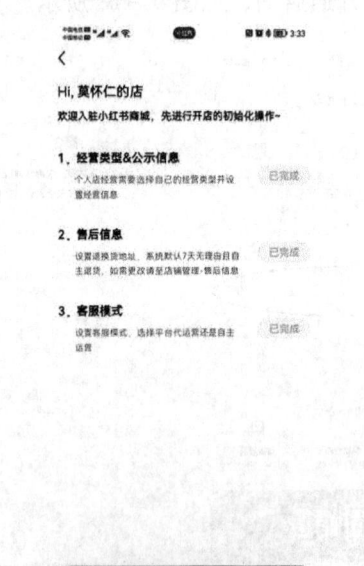

图5-20 店铺初始化设置界面截图

二、发布商品

点击图 5-21 最下方的"发布商品",或者打开"专业号中心",点击"管理店铺"→"发布商品",即可打开商品发布界面,如图 5-21 所示。

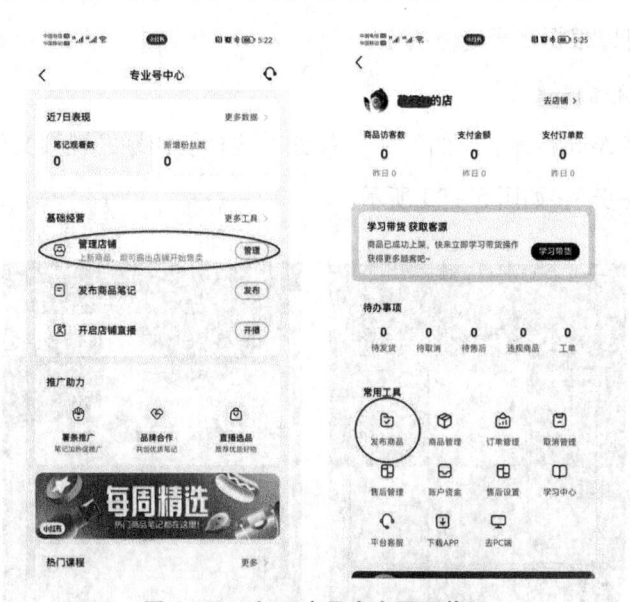

图 5-21 打开商品发布界面截图

在打开的界面中,提交相应商品信息后,点击界面最底部的"提交"按钮,待商品通过审核后,即可完成商品的发布,如图 5-22 所示。

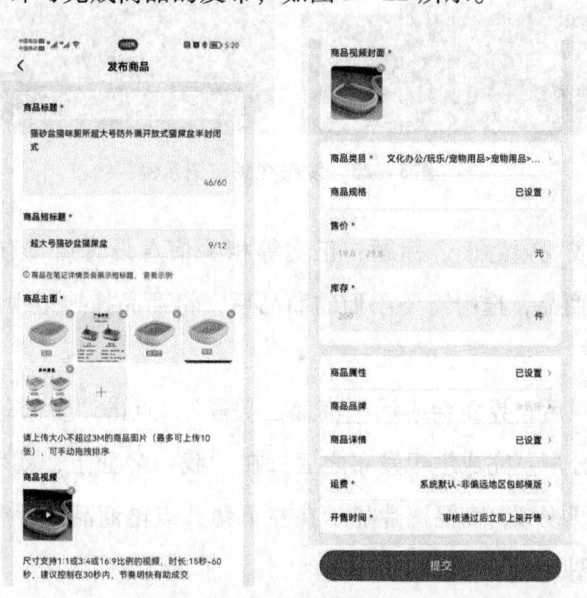

图 5-22 填写商品相关信息示例

三、发布商品笔记

步骤1：制作短视频。

根据营销目标制作一条跟目标商品相关的短视频,视频中商品的呈现方式使用硬广还是软广可以根据账号定位决定。

步骤2：发布商品笔记。

点击小红书App界面下方的"+"按钮,选择制作好的视频文件,完成相关操作后点击"下一步",如图5-23所示。

图5-23 发布视频笔记示例

在界面中完成视频封面、标题、正文等相关信息设置后,点击"关联商品",点击"+"添加商品,选中需要添加的商品后,将商品拖拽至视频上,如图5-24所示。

完成商品关联后,界面会显示"商品已关联",点击"发布笔记"即可完成视频笔记的发布并分享。完成笔记发布之后,在"我"界面上,就可以看到自己发布的视频,点击打开视频,商品图片显示在左下角,点击商品图片就可以打开商品界面完成下单,如图5-25所示。

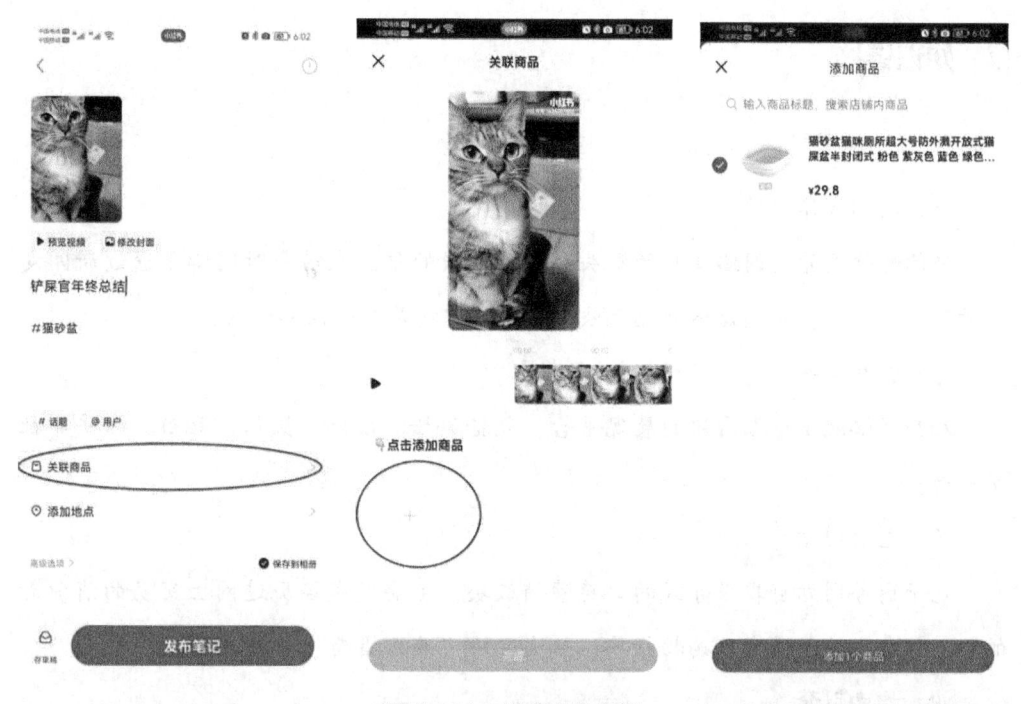

图 5-24 关联商品示例

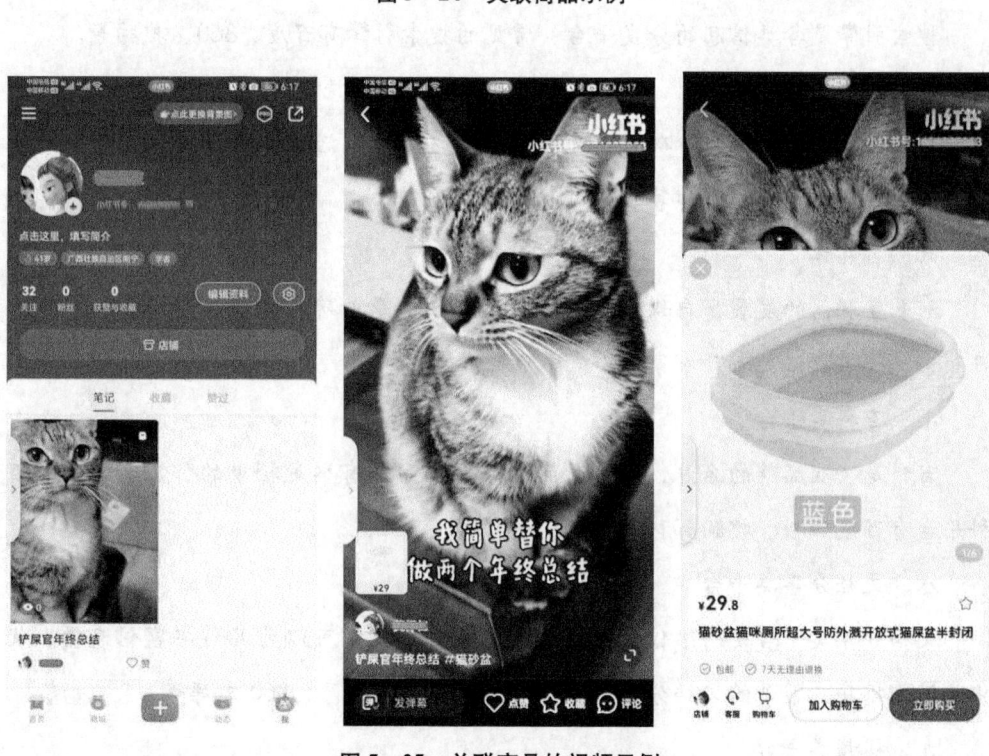

图 5-25 关联商品的视频示例

知识链接

口碑营销平台

一、新闻媒体网站

新闻媒体网站是网络信息的源头,往往权威的信息在第一时间都是通过新闻发布的形式展现的,新闻媒体网站无法代替的优势就是及时性和权威性。

二、社交网络

社交网络就是个人看法的展现平台,包括论坛、微博、微信、豆瓣、知乎等社交平台。

三、电商网站

电子商务网站自我服务式的口碑营销板块,主要发布经历过网上交易的消费者的口碑信息,给新买家以购物指导,如淘宝的"购物指南"。

四、搜索引擎

搜索引擎是各类信息的分发平台,常见的搜索引擎有百度、360、搜狗等。

五、口碑类网站

专注提供日常生活类口碑信息与相应服务(本地生活搜索+分类信息等)的网站,如小红书、美团、口碑等。

六、自媒体

随着互联网的发展,自媒体平台发展迅速,也是口碑营销的主战场之一,如今日头条、一点资讯、百度百家号等。

七、百科类平台

百科是企业品牌的名片,在建立品牌形象方面具有举足轻重的作用,常用的百科平台有百度百科、搜狗百科、360百科等。

八、文档分享类平台

文档分享类平台是网络信息传播的重要平台之一,可以为品牌丰富信息量、优化关键词排序,常见的文档分享平台有百度文库、豆丁网、360文库等。

九、视频类平台

视频类平台有传统的视频平台和短视频平台,主要以视频的形式传播信息,是企业开展口碑营销的上佳平台。主流的短视频平台有快手、抖音等。

思政园地

小红书社区公约

1. 分享

(1) 请尊重原创,并分享真实的内容;

(2) 如果你在分享和创作过程中受到商家提供的赞助或便利,请申明利益相关;

(3) 请避免炫耀远超常人的消费能力;

(4) 请分享经过科学论证的内容;

(5) 请尽量避免过度修饰,尤其在美妆、穿搭、探店等为他人提供建议的领域;

(6) 请不要冒充他人;

(7) 请不要轻易利用你的影响力进行指控或发布煽动性的话语;

(8) 请避免使用夸张、猎奇等手段吸引用户点击;

(9) 请不要轻易给人医疗和投资建议;

(10) 请尊重他人。

2. 互动

(1) 请尊重用户及其分享的内容;

(2) 请鼓励普通人的发言和分享;

(3) 请不要吝啬通过点赞、关注等行为表达你的喜爱;

(4) 如果某个分享对你有用,或者你询问了更具体的建议,请明确表达感谢;

(5) 请不要恶意揣测分享者的动机;

(6) 请换位思考,友善沟通;

(7) 请给予内容互动,一般情况下外貌、身材、年龄并非讨论的必要元素;

(8) 请通过举报和不喜欢按钮,告诉我们让你感到不适的内容。

任务实战

口碑营销工作单

【工作准备】

是否正常培训:(部门经理填) □到席　□请假　□旷工　原因:

是否遵守纪律：（部门经理填） □严格遵守　□迟到　□早退　□出位　□其他

检查电脑的完好性：　□完好　□故障：报告值班经理并换机

【工作记录】

一、开通小红书专业号及店铺

步骤1：下载并安装小红书App。

步骤2：登录小红书App。

注册的登录账号：_____

选择的4个兴趣：_____

步骤3：开通小红书专业号。

账号类型：□个人　　　□企业

绑定的手机号：_____

步骤4：开通店铺。

店铺类型：_____

主营类目：_____

步骤5：完成店铺管理的初始化设置。

经营类型和公示信息设置：_____

售后信息设置：_____

客服模式设置：_____

二、发布商品

发布的商品：_____

商品标题：_____

商品短标题：_____

商品主图数量：_____

是否有商品视频：_____

商品类目：_____

商品规格及售价：_____

商品属性：_____

商品品牌：_____

商品详情内容：_____

运费：_____

开售时间：＿＿＿＿＿＿＿＿＿＿＿＿＿＿＿＿＿＿＿＿

三、发布商品笔记

步骤1：制作短视频。

制作视频的App：＿＿＿＿＿＿＿＿＿＿＿＿＿＿＿＿

视频主题内容：＿＿＿＿＿＿＿＿＿＿＿＿＿＿＿＿＿

视频时长：＿＿＿＿＿＿＿＿＿＿＿＿＿＿＿＿＿＿＿

步骤2：发布商品笔记。

标题：＿＿＿＿＿＿＿＿＿＿＿＿＿＿＿＿＿＿＿＿＿

正文：＿＿＿＿＿＿＿＿＿＿＿＿＿＿＿＿＿＿＿＿＿

是否关联商品：＿＿＿＿＿＿＿＿＿＿＿＿＿＿＿＿＿

【工作结束】

数据整理及备份： □完成　□未完成

关机检查：　　　 □正常　□强行关机　□未关机

整理桌面：　　　 □完成　□未完成

地面卫生检查：　 □完成　□未完成

整理椅子：　　　 □完成　□未完成

任务评价

类别	序号	考核项目	考核内容及要求	优秀	良好	合格	较差
技术考评	1	质量	了解口碑营销平台				
	2		能够开通小红书专业号及店铺				
	3		能够在小红书上发布商品				
	4		能够在小红书上发布关联商品的视频笔记				
非技术考评	5	态度	学习态度端正				
	6	纪律	遵守纪律				
	7	协作	积极参与团队合作与交流				
	8	文明	保持安静，清理场所				

任务拓展

任务说明：

1. 商品设定：广西柳州螺蛳粉；
2. 制作 15~30 秒的推荐视频；
3. 在小红书上发布关联商品的视频笔记。

任务四　内容营销

任务描述

内容营销就是通过图片、文字、视频这样的方式将品牌和产品推荐给潜在用户的一种营销方式。目前，内容营销是很多品牌在采取的一种营销方式，今日头条是常见的内容营销平台，其推广属于信息流广告+搜索广告两大场景结合，是现代企业用于营销最常用的手段。小刘准备从今日头条账号注册、内容策划、内容编辑、内容运营四个部分入手，完成产品在今日头条的内容营销。

任务目标

1. 了解常见的内容营销平台；
2. 能够注册今日头条账号；
3. 能够在今日头条上发布文章；
4. 掌握今日头条内容运营技巧；
5. 能够在今日头条创作中遵守相关法律法规，践行社会主义核心价值观。

任务实施

一、注册今日头条账号

今日头条账号的注册既可以在 PC 端也可以在移动端完成，其步骤相同，小刘选择了 PC 端进行账号注册，其步骤如下。

步骤 1：进入今日头条平台页面。百度搜索"今日头条"，点击进入官网，如图 5-26 所示，或者直接输入网址（https://www.toutiao.com）进入。

图 5-26　今日头条搜索页面截图

步骤2：进入今日头条主页，点击页面右上方"登录"，进入注册页面，如图 5-27 所示。

图 5-27　今日头条主页截图

进入登录页面后，输入手机号并获取验证码登录。一个手机号仅能注册一个头条号，当然，也可以用其他社交账号登录，如抖音、QQ、微信等，还可以用今日头条 App 一键扫码登录。

步骤3：登录成功后，点击右上角"个人头像"中的"创作者平台"，选择入驻类别，以个人用户为例，进行入驻资料的填写，如图 5-28 所示。

具体填写内容可参考如下示例。

（1）用户名：小鲜范。

（2）简介：爆甜多汁、果香浓郁的广西原产地芒果。

（3）头像：可选择与账号内容相关的海报图或实物图，需要注意的是，请勿使用二维码作为账号头像。

步骤4：完成头条号的注册后，页面会自动跳转至头条号的后台。

步骤5：进行实名认证。只有进行实名认证之后，小刘才可以在今日头条进行内容的发布、管理、分析等操作。

图 5-28　头条号入驻资料填写示例

二、内容编辑

通过以下步骤进行内容编辑。

步骤1：编写文章标题。

根据确定的选题内容编写合适的标题。由于今日头条是依据机器推荐算法驱动的，在这种推荐机制下，标题言简意赅，主题明确清晰，更有利于机器判读文章所属的领域及对应的用户群并进行推荐。此外，今日头条对标题的字数有限制，可依据发文规范调整完善标题。

步骤2：确定要发表的内容类型和内容风格。

头条号的内容形式包括图文、微头条、西瓜视频、问答、小视频、音频和原创连载这几种。小刘可根据之前的规划选择合适的内容类型。这里他选择通过图文并茂、生动活泼的叙述风格发表文章来向用户展示广西芒果的生长环境。

步骤3：图文编辑。

进行图文编辑需要依次在编辑框中输入标题、正文，还可插入图片、视频、文章链接、表情、投票等丰富文章内容，如图 5-29 所示。如果想要推送的文章有网络链接，可以点击编辑框的"文章链接"选项。

图 5-29　今日头条内容编辑示例

步骤 4：自动生成多标题。

标题是根据正文内容自动生成的。不同标题会推荐给不同用户，获得更多推荐流量，如图 5-30 所示。

图 5-30　文章多标题设置示例

步骤 5：为文章设置封面。

封面可以设置单图、三图或无封面，如图 5-31 所示。

图 5-31　今日头条封面设置示例

步骤6：发表文章。

封面图片上传完成后，可选择"投放广告赚收益""不投放广告""定时发布""预览并发布"等。设置完成后，点击"发表"，然后等待系统审核。

三、内容运营

今日头条内容运营可从发布内容的规范、标点使用规范、提升阅读量三点展开。

1. **发布内容的规范**

在今日头条中一篇好的文章首先应该是一篇符合今日头条规范的文章，如果发布的文章不符合规范要求，则文章不会被系统推荐进而无法提升阅读量。今日头条内容的规范，主要体现在文章格式和内容创作两个方面。

（1）文章格式规范。

①标题不能太夸张，标题中不可以存在错别字、繁体字或特殊符号；标题要通顺，且不能使用全英文或者其他外文。

②不能发布有大段落的乱码或者没有划分段落和标点符号的内容。

③封面或配图与文章话题的内容要相关。

（2）内容创作规范。

①平台不允许事项：发布违反法律法规和相关规定的内容；发布不规范的中国地图；抄袭侵权；无资质发布专业领域内容；违规推广。

②以下事项属于推广产品过程中的不规范事项：故事诱导推广；商品和内容相关性低；虚假夸大宣传；抽奖不规范；滥用产品功能进行流量作弊。

2. **标点使用规范**

优秀内容需要具备准确的用词和规范的标点。为此，今日头条官方出台了《标题中标点符号的使用规范》来规范今日头条作者的标点符号的使用，以提高读者的阅读体验。

3. **提升阅读量**

今日头条采用的是系统推荐制，系统推荐越多，文章的阅读量会相应提高。一般来说，提高系统推荐概率可从以下几方面着手完善。

（1）合理的标题命名。

一个好的标题无疑对文章的阅读量起着关键性的作用。对于一般的用户而言，标题命名需要紧扣内容，尽可能通过标题告诉读者文章的内容，进而吸引用户点开文章做进一步的了解。

（2）社交媒体矩阵推广。

今日头条的阅读量分为站内阅读量和站外阅读量两种，为了提升站外的阅读量，小刘需要将文章的链接通过微博、微信、QQ、论坛、百家号等其他媒体平台，进行进一步的推广，从而达到提升阅读量的目的。

（3）社群。

加入一些可以互推的社群，通过社群的力量提升文章阅读量。今日头条文章，前期阅读的人越多，相应的后期推荐量就会越高，所以文章写完后，可以发送至微信群，让文章被更多人看到。

（4）定时发送。

任何一个资讯平台都有其集中阅读的时间段，因此选择恰当的时间发送文章至关重要。一般阅读时间主要集中在早高峰、午休、晚高峰以及夜晚睡前这四个时段，因此可以依据文章内容选择最为恰当的时间进行文章的发布。

（5）置顶文章。

为了持续提升某篇文章的阅读量，可以将其置顶，从而增加文章曝光率并提升其阅读量。

> 知识链接

其他自媒体运营平台

1. 百家号

百家号为内容创作者提供内容发布、内容变现和"粉丝"管理服务。在百家号发布一篇有价值的文章，可能被众多用户点击、评论和分享。百家号欢迎每一位自媒体人在百家号创作内容，只要保证账号申请信息真实、完整和符合规范。

创作者可以通过百家号 PC 端后台和百家号 App 两种方式进行内容的发布。通过搜索和信息流双引擎驱动，创作者发布的内容将分发至百度移动生态下 12 个平台。其中，不仅包括百度 App，还包括百度知道、百度百科、百度文库、宝宝知道、好看视频等。

2. 搜狐号

搜狐号是搜狐门户在改革背景下打造的分类内容的入驻、发布和分发全平台，是集中搜狐网、手机搜狐网和搜狐新闻客户端三端资源大力推广媒体和自媒体优质内容的平台。各个行业的优质内容供给者（政府、媒体、群媒体、个人、企业、机构、其他组织）均可免费申请入驻，为搜狐提供内容；利用搜狐三端平台强大的媒体影响力，入驻用户可获取可观的阅读量，提升自己的行业影响力。

3. 微信公众号

利用公众号平台进行自媒体活动，简单来说就是进行一对多的媒体性行为活动，如商家通过申请公众微信服务号通过二次开发展示商家微官网、微会员、微推送、微支付、微活动、微报名、微分享、微名片等，已经形成了一种主流的线上线下微信互动营销方式。微信公众平台主要面向名人、政府、媒体、企业等机构推出合作推广业务。

思政园地

今日头条涉未成年人内容管理规范（2021）（节选）

今日头条禁止创作者和用户在平台发布或传播以下侵害未成年人合法权益的内容，包括且不限于：

1. 未成年人涉性内容

（1）涉性侵、猥亵、言语骚扰未成年人的内容；

（2）涉未成年人怀孕、生子的内容；

（3）涉未成年人互相亲吻、搂抱、抚摸等内容。

2. 虐待、侮辱未成年人内容

（1）涉虐待、体罚、殴打未成年人的内容；

（2）涉侮辱未成年人或暴露未成年人隐私信息的内容。

3. 未成年人不当行为

（1）涉校园霸凌、未成年人打架斗殴的内容；

（2）涉未成年人抽烟、喝酒、文身、乞讨、卖艺、赌博或涉未成年人模仿成人化妆、成人化性感舞蹈，出入酒吧、棋牌室等成人娱乐场所的内容；

（3）涉未成年人不当消费，如炫富、追星应援等；

（4）涉未成年人危险行为，如未成年人进行危险动作、极限动作等存在人身安全风险的内容；包括父母单手托举儿童、儿童翻高墙、儿童爬窗户、爬门框、跳河、钻地洞、燃放烟花爆竹受伤等容易造成引导模仿而产生危害的行为。

4. 涉教唆未成年人自杀、向未成年人渲染血腥暴力等

(1) 涉教唆未成年人自杀，如蓝鲸游戏等；

(2) 涉向未成年人渲染血腥暴力的扭曲内容，如邪典动漫等。

创作者需对自己生产的涉未成年人相关内容负责，并妥善管理评论区，如出现涉未成年人的导向错误评论需及时处理，否则平台有权对账号进行处理。

任务实战

内容营销工作单

【工作准备】

是否正常培训：（部门经理填）□到席　□请假　□旷工　原因：

是否遵守纪律：（部门经理填）□严格遵守　□迟到　□早退　□出位　□其他

检查电脑的完好性：□完好　　□故障：报告值班经理并换机

【工作记录】

一、注册今日头条账号

注册并登录今日头条账号。

账号类型：_____

账号名称：_____

账号简介：_____

二、内容编辑

任务说明：

1. 商品设定：广西隆安县京都一号火龙果；

2. 产品软文推广，以文章正文的形式植入广告；

3. 文章标题 5~30 字，正文图多字少，形象生动、内容丰富；

4. 标题要新颖、紧扣内容，符合大众喜好；

5. 内容要与标题相符；

6. 设置最佳的发布设置；

7. 根据以上要求完成今日头条内容编辑。

今日头条内容编辑		
标题		
正文 （图文并茂）		
标题设置	□单标题	□多标题
展示封面	□单图　　　□三图 || □无封面
投放广告	□投放广告赚收益	□不投放广告

项目五　其他网络新媒体营销方式

【任务提示】

案例：

<table>
<tr><td colspan="2" align="center">今日头条内容编辑</td></tr>
<tr><td>标题</td><td>黎六郎卖沃柑，连续两天爆单，平均每天订单量1000+件</td></tr>
<tr><td>正文
（图文并茂）</td><td>人们口中流传着这样一句话："中国沃柑看广西，广西沃柑看武鸣。"为什么这样说呢？其实其他地方也种植沃柑，但却表现平平。而在武鸣种植出来的沃柑，出人意料地大获成功。  

武鸣地处亚热带季风气候区，光热充足，雨量充沛，加上独特的土地环境，孕育出果形正大、香甜多汁、肉质细嫩、风味浓郁、橙红鲜艳的沃柑，外加拥有最符合人类味觉的黄金酸甜比，让人吃上一口便欲罢不能。 

所以今年沃柑刚上架预售就被疯狂抢购，这两天更是连续爆单，平均每天订单量1000+件。小六村长和苹果妹一同到果园摘果，一车车沃柑被运回仓库挑选、打包、发货。大家终于又可以吃上沃柑了。 </td></tr>
</table>

正文 （图文并茂）	我们的沃柑有3种规格：3斤试吃装大果19.9元；9斤装大果52元；8斤精品礼盒装52元。我们的果子都是从果园现摘的，还包邮、包售后哦。不知道朋友们的当地市场卖多少钱1斤呢？ 真沃柑　　　　　　　　假沃柑 大家买沃柑也要注意了，因为现在市场上有拿其他水果冒充沃柑的。我有一个朋友之前就遇到了这种情况，看到网上有29.9元10斤的，感觉很便宜立马购买了，结果拿回家打开一看发现根本就不是沃柑，味道也相差甚远。原来那种假沃柑叫"默科特"，和沃柑长得很相似，没见过的人很难分辨出来。
标题设置	☑单标题　　　　　　　□多标题
展示封面	□单图　　　　☑三图　　　　□无封面
投放广告	☑投放广告赚收益　　　□不投放广告

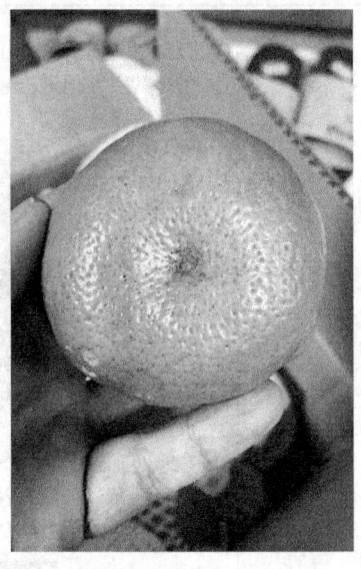

三、内容运营

1. 发布内容的规范；

2. 标点使用规范；

3. 提升阅读量。

任务评价

类别	序号	考核项目	考核内容及要求	优秀	良好	合格	较差
技术考评	1	质量	了解常见的内容营销平台				
	2		能够注册今日头条账号				
	3		能够在今日头条上发布文章				
	4		掌握今日头条内容运营技巧				
非技术考评	5	态度	学习态度端正				
	6	纪律	遵守纪律				
	7	协作	积极参与团队合作与交流				
	8	文明	保持安静,清理场所				

任务拓展

任务说明:

1. 商品设定:广西柳州螺蛳粉;

2. 产品软文推广,以文章正文的形式植入广告;

3. 文章标题5~30字,正文图多字少,形象生动、内容丰富;

4. 标题要新颖、紧扣内容,符合大众喜好;

5. 内容要与标题相符;

6. 进行最佳的发布设置;

7. 根据以上要求完成今日头条内容策划和运营。

项目六　新媒体舆情管理

项目情境

新媒体时代下，一篇文章、一条微博、一张图片、一段视频或音频、一个评论都是舆情传播的重要一环，都有可能产生负面影响。很多时候人们发布的一条消息在短短几分钟或几小时内就可以通过传播引爆全网。而小刘在运用各种新媒体手段进行营销的时候，经常会遇到各种"翻车"的情况，这些负面问题通过网络发酵，或多或少影响了小刘所运营的项目，让客户对网店及产品产生不好的印象。因此，小刘决定总结曾遇到的各种舆情，系统性地学习舆情监控及管理的相关知识，以便今后再遇到此类情况时，可以更好地应对。

学习目标

本项目旨在引导学生明确新媒体舆情分析的意义，并能够掌握新媒体舆情分析的方法，进而完成新媒体舆情管理。

项目导图

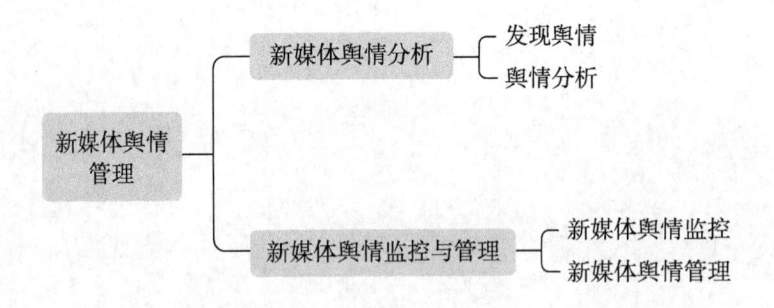

```
                    ┌─ 新媒体舆情分析 ─┬─ 发现舆情
                    │                  └─ 舆情分析
新媒体舆情管理 ─────┤
                    │                         ┌─ 新媒体舆情监控
                    └─ 新媒体舆情监控与管理 ──┤
                                              └─ 新媒体舆情管理
```

任务一　新媒体舆情分析

任务描述

新媒体舆情分析,是针对企业或品牌(产品)在各种网络上的新媒体言论、报道等信息进行采集、归类、整合和管理,形成新媒体舆情分析报告的过程。小刘通过学习其他品牌舆情分析与应对,来提高自身对舆情分析的能力。

任务目标

1. 了解新媒体舆情分析基本概念;
2. 掌握新媒体舆情分析基本步骤;
3. 能对舆情有正确的认识,遵守相关法律法规,践行社会主义核心价值观。

任务实施

一、发现舆情

舆情从出现到发酵,再到大众知晓,最直观的体现就是是否登上各大新媒体平台的热搜。因此想要发现舆情问题,要从各大新媒体平台的热搜入手,以"小红书违反未成年人保护法被罚"作为案例,具体操作如下。

步骤1:打开各大新媒体App,点击热搜。

打开主要的新媒体App,如新浪微博、今日头条、抖音。如图6-1所示。

步骤2:寻找关注的舆情。

我们在热搜榜中搜索是否有"小红书"相关的热搜。经过在新浪微博、头条新闻和抖音的热搜或热榜中寻找,我们在新浪微博的热搜中发现了"小红书违反未成年人保护法被罚"的热搜。如图6-2所示。

步骤3:确定舆情。

"小红书违反未成年人保护法被罚"处于微博热搜的第二位,是一个高位热搜,且"小红书违反未成年人保护法被罚"词条的讨论数有"1275882"条,数量很多,初步确定这是一个关于"小红书"品牌的舆情。

图 6-1 微博热搜、头条热榜和抖音热榜示例

图 6-2 小红书舆情示例

二、舆情分析

由于"小红书违反未成年人保护法被罚"这个舆情是从新浪微博发酵的,因此对这个舆情的分析主要以新浪微博的热搜为主。对于舆情的分析,可以从以下几个方面着手。

步骤 1:判断热搜是正面还是负面舆情。

简单来说，正面舆情就是对企业、品牌的形象会产生好的影响的舆情，我们可以加以利用，做品牌的推广或营销；而负面舆情就是对企业、品牌的形象会产生坏的影响，这是我们需要提高警惕，认真对待，并妥善处理的舆情。

以"小红书违反未成年人保护法被罚"为例，分析这个热搜词条，出现了"违反""被罚"等词语，这是对品牌的负面评价，所以我们对这个舆情判断为"负面舆情"。

步骤2：查看舆情的热度情况。

判断是负面舆情后，我们需要知道这个舆情的传播速度、广度、讨论情况。我们从新浪微博热搜中点击"小红书违反未成年人保护法被罚"的话题，可以看到话题详情，如图6-3所示。

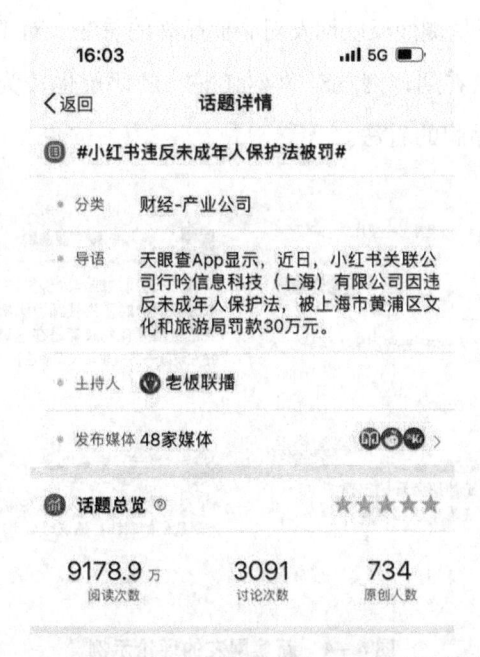

图6-3 "小红书违反未成年人保护法被罚"话题详情示例

步骤3：进行舆情初步分析。

点开话题详情后，我们可以针对舆情制作表格并做如下初步分析，可以大致知道舆情的具体内容、发布媒体、阅读次数、讨论次数、原创人数等基本信息。从阅读次数来说，该舆情有接近1亿的阅读次数，已经造成巨大的舆论影响，如表6-1所示。

表6-1 舆情初步分析

项目	内容
舆情	"小红书违反未成年人保护法被罚"
具体内容	天眼查App显示,近日,小红书关联公司行吟信息科技(上海)有限公司因违反未成年人保护法,被上海市黄浦区文化和旅游局罚款30万元
发布媒体数量	48家
阅读次数	9178.9万次
讨论次数	3091次
原创人数	734人

步骤4:查看网友留言。

查看网友留言可以从侧面反映网友对企业品牌的看法、对事件的态度,如图6-4所示。从网友留言可以看到,网友对"小红书"的评价也较为负面,由此可推断该舆情已影响到网友对品牌的看法。

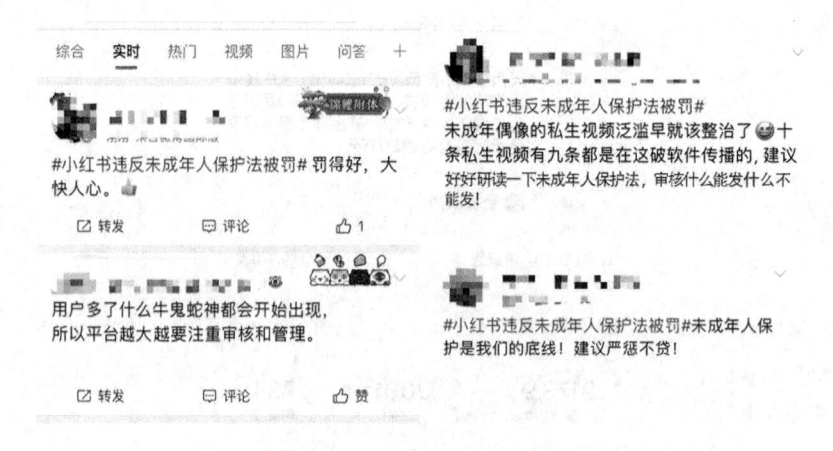

图6-4 新浪网友的评论示例

步骤5:搜索其他平台,查看舆情。

除了新浪微博外,我们还可以在头条新闻、抖音等流量大的新媒体平台搜索关键词"小红书",可以看到首先出现的也是"被处罚30万元"的信息,对品牌负面影响较大。如图6-5所示。

步骤6:填写舆情处置表。

通过上述步骤完成新媒体舆情分析后,就需要进行新媒体舆情填写处置表,以便后续能够快速查看类似情况的处置方法,如表6-2所示。

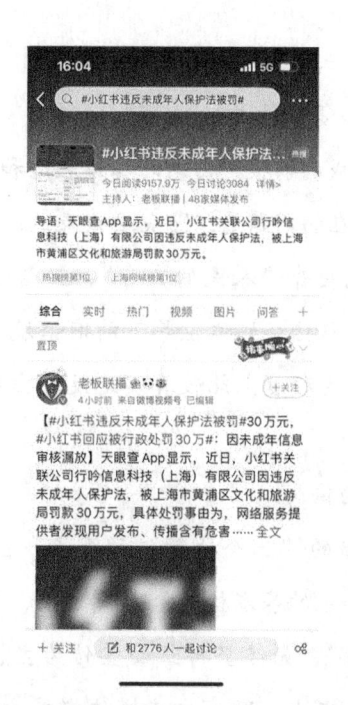

图 6-5　在其他平台搜索"小红书""小红书被罚 30 万元"示例

表 6-2　舆情处置

项目	内容
舆情	"小红书违反未成年人保护法被罚"
具体内容	天眼查 App 显示，近日，小红书关联公司行吟信息科技（上海）有限公司因违反未成年人保护法，被上海市黄浦区文化和旅游局罚款 30 万元
舆情类型	负面舆情
出现时间	2022 年 1 月 22 日
问题分析	1. 新浪热搜榜最高至第一位，阅读次数接近 1 亿； 2. 除新浪微博外，在头条新闻、抖音都有该话题，负面影响较大； 3. 大部分网友支持小红书被处罚，表示应该要做好未成年人的网络安全保护
处置建议	1. 发表声明表示接受处罚，并认真做好整改； 2. 加强平台对未成年人的保护； 3. 接受网友的批评建议，采纳好的建议和意见

知识链接

互联网时代舆论引导的新挑战

舆论是大多数人对社会议题表达的相对一致的看法，从过程看主要有三个要素：意见表达者、平台开放性、观点集中度。从舆论形成过程的三个要素看，互联网时代的舆论引导主要面临以下三方面的新挑战。

1. 表达者的群体失衡和复杂诉求

理性舆论、主流舆论形成的前提是公众的积极表达和理性表达，并形成持续的公共对话，而当前的舆论场存在的问题是，13亿公众表达能力、机会和结构的失衡。

当前的网络舆论并非代表着"人民的声音"，只是一部分活跃网民的声音。尽管有其群体结构的局限，但与传统媒体主导下的旧语境相比，互联网时代的网络舆论则要鲜活得多，至少在一定程度上比较真实地反映出民心、民情和民意，因此需要被充分尊重和倾听。

2. 平台的割裂与传播的偏向

参照习近平总书记提出的"三个地带"的观点，当下中国舆论场的"三个地带"呈现出碎片、分化、割裂的基本格局：人民日报、中央电视台、各级党报等传统媒体平台，是"红色地带"，始终坚持正面宣传为主、注重积极的舆论引导；新浪微博、腾讯微信、网络论坛上，既有主流媒体微博和微信公众号发出正面声音，也有普通网友、网络大V的负面批评，是"灰色地带"；还有少数网络社区平台、微博、微信群中，存在敏感信息和激烈批判，是"黑色地带"。这"三个地带"有重叠、有互动、有转化，但总体上是相对独立、割裂、分化的。

3. 观点的分化和共识的缺乏

从理想的角度看，公众的公共表达最好是基于知识、价值和理性立场的言说，同时在对话交流中可以达成基本的共识。观点的共识度越高，主流舆论的形成才有可能。然而，当下公众的文化教育水平不一、私利诉求和坚守程度不同、社会价值观和社会心态的差异极大，在公共表达过程中很难做到足够理性、负责、一致。

思政园地

政治站位、法律红线、道德底线是舆情管理中的三大坚守

党的二十大报告提出要"健全网络综合治理体系，推动形成良好网络生态"，这是继党的十九大提出"建立网络综合治理体系"，党的十九届四中全会要求"建立健全网络综合治理体系"之后，以习近平同志为核心的党中央对加快形成良好网络生态的再升级与总要求，为我们全面学习、全面把握、全面落实党的二十大精神，做好网信工作指明了路径，提供了根本遵循。

在新媒体舆情管理与应对中，我们要坚守政治站位、法律红线、道德底线这三点。

政治站位，即增强"四个意识"、坚定"四个自信"、做到"两个维护"，巩固马克思主义在意识形态领域的指导地位、巩固全党全国人民团结奋斗的共同思想基础。

法律红线，即舆情管理与应对要遵循法律法规的规定。根据《网络信息内容生态治理规定》要求，网络信息内容生产者应当采取措施，防范和抵制制作、复制、发布含有不良信息的内容。我们在处理舆情问题时，要寻求正确的解决渠道，不能"以毒攻毒"，以不良信息攻击不良信息，引起更大的舆情问题。

道德底线，网络世界与现实世界不是割裂的，而是受现实道德风尚制约的公共场所，是现实社会在网络上的延伸与拓展，在现实社会需要遵守的基本底线规则，在网络空间中同样需要遵守，面对舆情问题，要正确对待，认真处理，以诚恳的态度获得大众的谅解。

网络是现实社会的延伸，网络上发表的言论受到法律约束，同样也受到道德约束。你若光明，网络便不黑暗；你带来清风，周围就不会停留灰霾。面对舆论场中各类不良信息和谣言信息，公众应该保持理性。公众在发表观点时，应更加自律地加强辨识能力，阻断不良信息的传播渠道，加强文明上网观念，净化网络生态、滋养网络空间。

任务实战

舆情分析工作单

【工作准备】

是否正常培训：（部门经理填）□到席　□请假　□旷工　原因：

是否遵守纪律：（部门经理填）□严格遵守　□迟到　□早退　□出位　□其他

检查电脑的完好性：　□完好　　□故障：报告值班经理并换机

【工作记录】

一、发现舆情

步骤1：打开各大新媒体App，点击热搜。

1. 点开新浪微博"热搜";

2. 点开抖音"热榜";

3. 点开头条"热榜"。

步骤2:寻找关注的舆情。

任务说明:以微博热搜为例,点击查看热搜。

选择一个与品牌或企业有关的热搜:_____

步骤3:确定舆情。

分析所选择的热搜是否属于舆情:

1. 热搜排名:_____

2. 是否属于高位热搜: □是　□否

3. 热搜讨论人数:_____

4. 热搜是否属于舆情: □是　□否

任务说明:

1. 打开各大新媒体App,点击热搜,通过浏览热搜查找关注的舆情;

2. 选择一个与品牌或企业相关的热搜;

3. 分析所选择的热搜是否属于舆情。

【任务提示】

案例:

"海底捞'老鼠门'事件"爆发后,网民关于"海底捞'老鼠门'事件"的言论约15.19万条,言论主要来自新浪微博。通过对这些舆情信息进行关键词提取、主题聚类分析,可知其倾向性如图6-6所示。

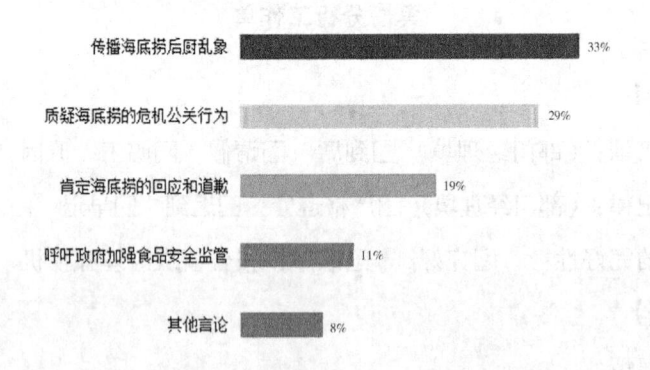

传播海底捞后厨乱象	33%
质疑海底捞的危机公关行为	29%
肯定海底捞的回应和道歉	19%
呼吁政府加强食品安全监管	11%
其他言论	8%

图6-6　"海底捞'老鼠门'事件"网民言论舆情分析

在这个“人人都是通讯社”的时代，许多社会舆论事件都始于网络，并产生了巨大的社会影响。一些关于企业或品牌的舆论，也会迅速借助新媒体平台发酵，不加以控制的话，会影响企业或品牌的形象。

海底捞针对此事件，及时发表了致歉信和处理通报，如图 6－7、图 6－8 所示。公开承认错误并针对网友的质疑给出了恰当的处理方案，有效维护了品牌形象。

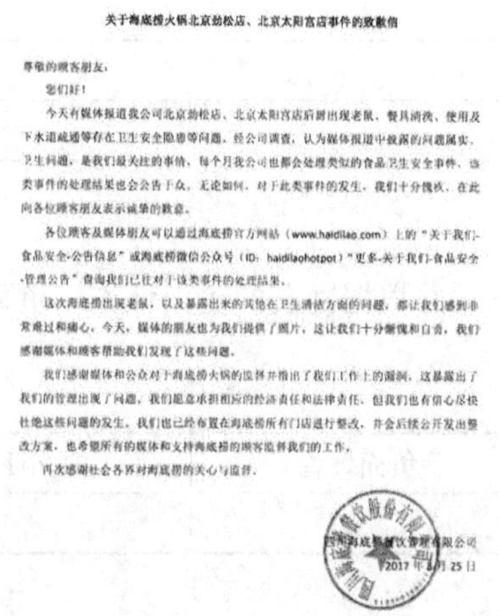

关于海底捞火锅北京劲松店、北京太阳宫店事件的致歉信

尊敬的顾客朋友：

您们好！

今天有媒体报道我公司北京劲松店、北京太阳宫店后厨出现老鼠、餐具清洗、使用及下水道疏通等存在卫生安全隐患等问题。经公司调查，认为媒体报道中披露的问题属实。卫生问题，是我们最关注的事情，每个月我公司也都会处理类似的食品卫生安全事件，该类事件的处理结果也会公告于众。无论如何，对于此类事件的发生，我们十分愧疚，在此向各位顾客朋友表示诚挚的歉意。

各位顾客及媒体朋友可以通过海底捞官方网站（www.haidilao.com）上的“关于我们-食品安全-公告信息”或海底捞微信公众号（ID：haidilaohotpot）“更多-关于我们-食品安全-管理公告”查询我们已往对于该类事件的处理结果。

这次海底捞出现老鼠，以及暴露出来的其他在卫生清洁方面的问题，都让我们感到非常难过和痛心，今天，媒体的朋友也为我们提供了照片，这让我们十分惭愧和自责，我们感谢媒体和顾客帮助我们发现了这些问题。

我们感谢媒体和公众对于海底捞火锅的监督并指出了我们工作上的漏洞。这暴露出了我们的管理出现了问题。我们愿意承担相应的经济责任和法律责任，但我们也有信心尽快杜绝这些问题的发生。我们也已经布置在海底捞所有门店进行整改，并会后续公开发出整改方案，也希望所有的媒体和支持海底捞的顾客监督我们的工作。

再次感谢社会各界对海底捞的关心与监督。

四川海底捞餐饮股份有限公司

2017 年 8 月 25 日

图 6－7　海底捞致歉信截图

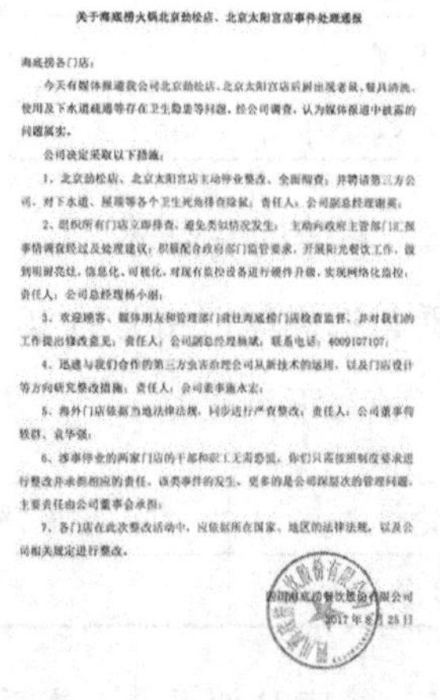

关于海底捞火锅北京劲松店、北京太阳宫店事件处理通报

海底捞各门店：

今天有媒体报道我公司北京劲松店、北京太阳宫店后厨出现老鼠、餐具清洗、使用及下水道疏通等存在卫生隐患等问题。经公司调查，认为媒体报道中披露的问题属实。

公司决定采取以下措施：

1、北京劲松店、北京太阳宫店主动停业整改、全面彻查；并聘请第三方公司，对下水道、屋顶等各个卫生死角排查除鼠；责任人：公司副总经理谢英；

2、组织所有门店立即排查，避免类似情况发生；主动向政府主管部门汇报事情调查经过及处理建议；积极配合政府部门监管要求，开展阳光餐饮工作，做到明厨亮灶，信息化、可视化，对现有监控设备进行硬件升级，实现网络化监控；责任人：公司总经理杨小丽；

3、欢迎顾客、媒体朋友和管理部门前往海底捞门店检查监督，并对我们的工作提出修改意见；责任人：公司副总经理杨斌，联系电话：4009107107；

4、迅速与我们合作的第三方虫害治理公司从新技术的运用，以及门店设计等方向研究整改措施；责任人：公司董事施永宏；

5、海外门店依据当地法律法规，同步进行严查整改；责任人：公司董事苟轶群、袁华强；

6、涉事停业的两家门店的干部和职工无需恐慌，你们只需按照制度要求进行整改并承担相应的责任。该类事件的发生，更多的是公司深层次的管理问题，主要责任由公司董事会承担；

7、各门店在此次整改活动中，应依据所在国家、地区的法律法规，以及公司相关规定进行整改。

四川海底捞餐饮股份有限公司

2017 年 8 月 25 日

图 6－8　海底捞事件处理通报截图

通过上述案例，可以看到舆情分析的意义就在于有针对性地对这些社会舆情或企业品牌舆情进行分析，并结合分析结果对网络舆论进行引导，起到维护品牌形象的重要作用。

二、舆情分析

步骤 1：判断所选择的热搜是正面还是负面舆情。

任务说明：

1. 对选择的热搜词条进行分析：

正面词语：________________________________

负面词语：________________________________

2. 经过对比，判断该舆情：□正面舆情　□负面舆情

步骤 2：查看所选择的舆情的热度情况。

任务说明：以微博热搜为例，点击查看所选择的热搜详情。

找到话题详情，并截图。

步骤3：进行舆情初步分析。

任务说明：根据话题详情显示的内容，填写下表。

项目	内容
舆情	
具体内容	
发布媒体数量	
阅读次数	
讨论次数	
原创人数	

步骤4：查看网友留言。

请查看与选择舆情相关的20条网友留言，并根据网友的正面评论、负面评论和中立评论，填写下列表格。

评论数	正面评论	负面评论	中立评论
20条			

步骤5：搜索其他平台，查看舆情。

头条新闻有无相关舆情：□有　□无

抖音有无相关舆情：□有　□无

步骤6：填写舆情处置表。

任务说明：对舆情进行分析后，填写下表。

舆情处置	
项目	内容
舆情	
具体内容	
舆情类型	
出现时间	
问题分析	1. 2. 3.
处置建议	1. 2. 3.

【工作结束】

数据整理及备份：　□完成　　□未完成

关机检查：　　　　□正常　　□强行关机　　□未关机

整理桌面：　　　　□完成　　□未完成

地面卫生检查：　　□完成　　□未完成

整理椅子：　　　　□完成　　□未完成

任务评价

类别	序号	考核项目	考核内容及要求	优秀	良好	合格	较差
技术考评	1	质量	了解新媒体舆情分析基本概念				
	2		掌握新媒体舆情分析基本步骤				
	3		能够对舆情有正确的认识				
非技术考评	4	态度	学习态度端正				
	5	纪律	遵守纪律				
	6	协作	积极参与团队合作与交流				
	7	文明	保持安静，清理场所				

任务拓展

任务说明：

1. 舆情设定：当月热议的一个与品牌相关的热搜；

2. 以新浪微博为平台，对热搜进行分析；

3. 针对该舆情，提出3~5条建议和意见。

任务二　新媒体舆情监控与管理

任务描述

新媒体舆情监控与管理是舆情管理工作的重中之重，积极有效地关注网店产品的舆情走势，便于及时采取应对措施，引导舆情走向有利于网店发展的方向。

任务目标

1. 了解新媒体舆情监控与管理的概念；
2. 掌握新媒体舆情监控与管理的基本方法；
3. 能够对新媒体舆情监控和管理舆情有正确的认识，遵守相关法律法规，践行社会主义核心价值观。

任务实施

一、新媒体舆情监控

小刘通过以下步骤展开舆情监控。

步骤1：设置关键词。

设置关键词是舆情监控的重要环节，因为后期需要根据这些关键词进行重点监控。在筛选关键词后，会获得与关键词相关的内容。如小刘可以选择"广西芒果""'小鲜范'广西芒果""芒果""小鲜范"等作为关键词。

步骤2：登录"新浪微热点"（http：//www.wrd.cn/login.shtml）进行内容抓取，如图6-9所示。

图6-9　新浪微热点首页截图

步骤3：在输入栏中输入关键词，以关键词"芒果"为例，输入后，点击"查询"，如图6-10所示。

图6-10　输入关键词并点击查询示例

步骤4：监控热度概况。全网热度概况是在指定时间范围该关键词的全网热度指数值，如图6-11所示，设置的时间是3天。

图6-11 "芒果"全网热度概况示例

步骤5：点击"分析与评估工具"，选择"微博情绪"进行分析，如图6-12所示。

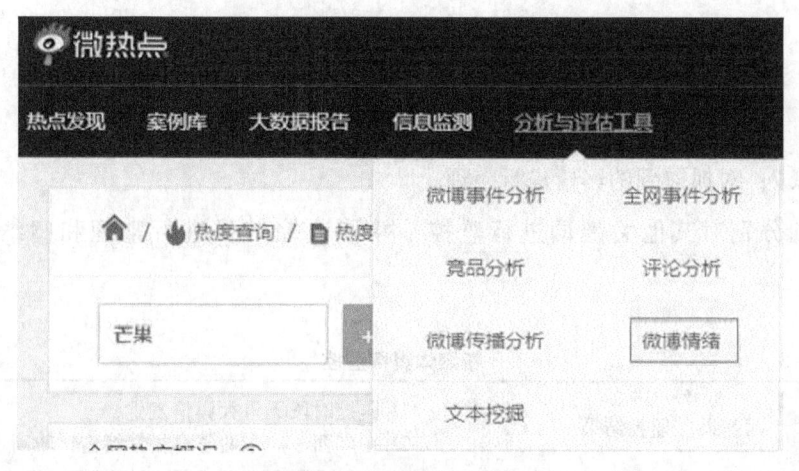

图6-12 微博情绪分析示例

步骤6：点击查询后，可以看到关键词"芒果"的用户情绪中，喜悦占比高达63.76%，恐惧占比0.86%、悲伤占比13.46%，中性情绪占比11.76%，如图6-13所示。

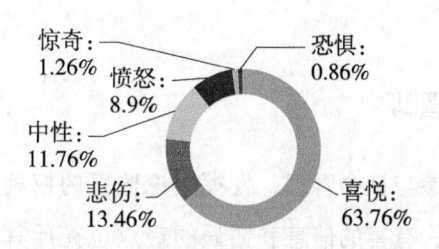

图6-13 用户情绪占比分析示例

此外，通过分析用户情绪地图可知，用户喜悦情绪较高的地区为河南、江苏、安徽等地，用户愤怒情绪较高的地区为江苏、广东、浙江等地。而用户情绪洞察中的性别分析如图6-14所示。

● 性别

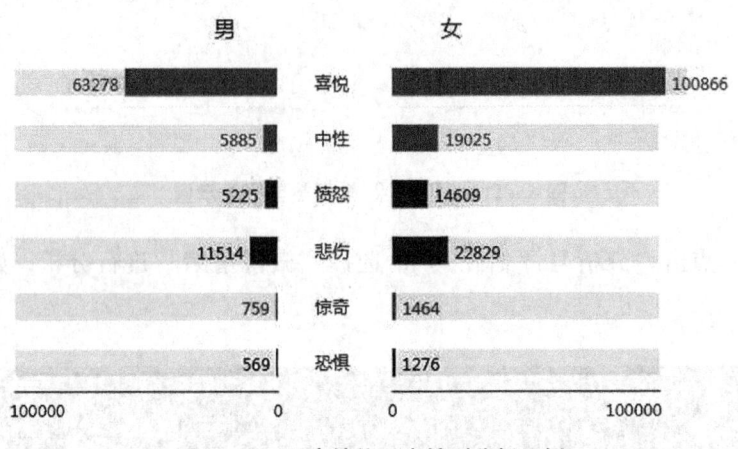

	男		女
喜悦	63278		100866
中性	5885		19025
愤怒	5225		14609
悲伤	11514		22829
惊奇	759		1464
恐惧	569		1276

图6-14 用户情绪洞察性别分析示例

步骤7：对抓取到的舆情进行整理。

小刘分别对其他关键词进行监控，并将监控结果进行整理和归纳，完成表6-3。

表6-3　　　　　　　　　　新媒体舆情监控

关键词"广西芒果"监控结果	1. 监控时段无重大舆情发生； 2. 在广西、广东两省喜悦情绪占比较高
关键词"'小鲜范'广西芒果"监控结果	1. 监控时段无重大舆情发生； 2. 在广西、广东两省喜悦情绪占比较高
……	……

至此，新媒体舆情的监控就完成了，当舆情反常时，需要及时应对，在最短的时间内有效应对舆情。

二、新媒体舆情管理

互联网赋予了大众参与社会管理、发挥舆论监督的权利，这促使网络舆情快速发展。同时，一些虚假、有害的信息和错误的观点也充斥其中。这极大地扰乱了网络舆论秩序。如果任其无序发展，不但会破坏网络和谐，还会对个体正当利益造成损害，在新媒体时代更是如此。

企业或个人在做新媒体舆情管理时，涉及以下两个方面的操作。

步骤 1：收集舆情管理案例。

学习越多的舆情管理案例，越能够迅速应对舆情，也更能有针对性地处理问题。表 6-4 所示是 2019 年舆情管理案例，通过列表格，可以简洁明了地掌握优秀舆情管理的案例。

表 6-4　　　　　　　　　　　　2019 年舆情管理案例

事件	舆论争议	响应速度	回应次数	回应方式	应对亮点
阿里投资茶颜悦色	茶颜悦色出长沙省开分店	1 天内	1 次	官方声明	抓住舆论诉求，及时回复涉事人员处置结果，自我批评并接受网友批评，消除网友怒气
宜家"躺尸"现象	"躺尸"等不文明行为挤占其他顾客公共空间	1 天内	1 次	高管发声	高管发声体现企业的包容大气
汉堡王广告涉嫌歧视	广告内容涉嫌性别歧视	1 天内	1 次	官方声明	承认错误，及时道歉并迅速将争议内容下线，避免负面影响扩大
京东金融 App 涉嫌侵权	侵犯用户隐私权	1 天内	2 次	官方声明	第一次声明"甩锅"引发第二波舆情；第二次道歉声明让大众看到诚意

步骤 2：制定舆情管理策略。

有了优秀舆情管理案例作为参考，小刘下一步制定自己企业或品牌的舆情管理策略，策略不需要太复杂，只要简单易懂，而且能够迅速处置即可。

步骤 2.1：以食品品牌为例，列出品牌存在的舆情风险点及应对策略，列出如表 6-5 所示表格。

表 6-5　　　　　　　　　　　舆情风险点及应对策略

舆情风险点	回应方式	应对策略
食品问题	官方声明	1. 向顾客、向大众道歉； 2. 撤回有问题的的食品； 3. 对顾客进行赔偿； 4. 加强对食品制作的监控

续 表

舆情风险点	回应方式	应对策略
员工问题	官方声明	1. 向顾客、向大众道歉； 2. 处理问题员工； 3. 对顾客进行赔偿； 4. 加强对员工的培训
价格问题	官方声明	1. 向顾客、向大众道歉； 2. 作出说明，并适当调整价格； 3. 开展优惠活动，吸引更多顾客

步骤2.2：选择舆情回应方式。

分析本企业或品牌的舆情风险点，列出应对策略后，要选择一个恰当的回应方式。多数案例中，涉事企业多是选择了通过自己的官网或者其他平台上的官方账号进行回应，这种正式的表达方式，一是能体现企业对事件的重视与认真的态度，二是避免一些"黑子"造谣混淆视听、搅乱舆论信息场，可以把主动权和话语权把握在自己手中。舆情回应方式汇总如表6-6所示。

表6-6　　　　　　　　　　舆情回应方式汇总

平台	回应方式
新浪微博	官方账号/文字
抖音、快手	官方账号/视频
头条新闻、百度	官方账号/文字

以"企业微信崩了"的舆情为例，"企业微信"官方迅速在自己微博作出回应，如图6-15所示。

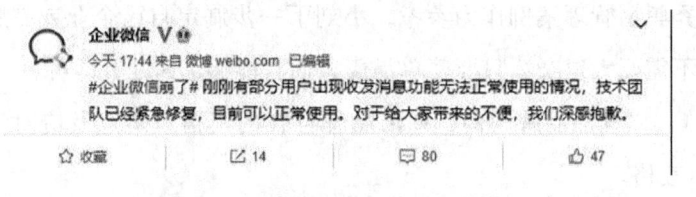

图6-15　企业微信舆情回应示例

知识链接

互联网时代舆论引导的新策略

1. 把握社会话题、设置稳定的公共议题

积极向上、健康主流的舆论场，必须首先围绕关乎公共利益和社会发展的重大话题来进行公共表达、凝聚社会共识，而当下网络舆论场从公共议题的角度看，恰恰存在"事件驱动"和"娱乐至上"两个比较严重的不足。为此，不管是传统主流媒体，还是新媒体，都应肩负起设置稳定的公共议题的社会责任。

2. 鼓励负责任表达、形成理性的观点互动

当前，微博和微信已经成为主导网络舆论场的两大支柱性平台。总体上看，在网络舆论场中，微博的观点汇聚、社会动员功能更强，微信的即时传播、信息扩散功能更强。

另外，一些商业网站经常以"平台"角色来进行自我定位，根据机器抓取、数据分析，筛选出网民最感兴趣、讨论最热烈的话题。但是，其中的一些话题也许折射出错误的价值观或者存在极不理性的倾向，商业网站不应该以"客观"立场或"平台"角色来替自己免责，甚至对相关言论进行片面放大和快速传播，而应该肩负起其信息把关、价值引领的责任，对类似话题做必要的筛选、过滤和处理。

3. 复杂性认知框架与多元的公共话语

所谓"复杂性认知框架"，就是能够超越正面或反面的立场去审视问题，能够超越简单的道德判断去看待问题，能够采用理性思辨的观念去全面、深刻地剖析问题。

思政园地

中职学生如何正确看待网络舆论

网络舆论是一把双刃剑，既有积极影响，又有消极影响。一方面，网络舆论提供了思想自由交流的平台，有利于汇集意见，疏通矛盾，化解不良情绪，让民意表达得到真实、充分的体现。另一方面，网络舆论极易造成思想偏差，消解权威、异化主流思想。

互联网的环境中，中职学生使用互联网并在网络上表达意见和情绪的行为已经成为其生活的重要组成部分。正处于思维和情感都十分活跃的中职学生，在网络舆论中表现出较之其他群体更为活跃的思维、更张扬的个性和更强势的主体意识。而作为当代中职学生的我们应怎样正确看待网络舆论呢？

首先，中职学生应该丰富自己的法律知识和提高自觉守法的意识。只有了解了

相关法律知识，我们才不会轻易相信网络舆论，才不会稀里糊涂地在网上参加非法活动，才知道什么该做，什么不该做。

其次，中职学生对待网络舆论，应该保持清醒的头脑，应充分了解事情的缘由再下结论，同时学校和老师也应对重大的网络舆情进行预警和引导。例如，一旦发生明星失德失格的网络舆论问题，要及时引导学生，不要盲目效仿，无底线"追星"。

最后，应加强中职学生的网络道德教育，培养其树立正确的社会主义核心价值观。只有这样，中职学生才能用正确的"三观"去评价事情的对错。同时，还需提高自身的辨别能力，不要被舆论所误导。

中职学生作为庞大的、年轻的互联网群体，在维护良好互联网舆论环境上应负有更多的责任和担当。在人人都有"麦克风"、发言权的时代，每个中职学生都应该规范自身言行，严守法律和道德的边界，切实担负起一个网民、一个公民应有的责任，如此，社会才能更有序，网络才能更真实、可信。

任务实战

新媒体舆情监控与管理工作单

【工作准备】

是否正常培训：（部门经理填）□到席　□请假　□旷工　原因：

是否遵守纪律：（部门经理填）□严格遵守　□迟到　□早退　□出位　□其他

检查电脑的完好性：　□完好　□故障：报告值班经理并换机

【工作记录】

一、新媒体舆情监控

步骤1：设置关键词。

设置的关键词：＿＿＿＿＿＿＿＿＿＿＿＿＿＿＿＿＿＿

步骤2：登录"新浪微热点"，进行内容抓取。

步骤3：在输入栏输入设置的关键词，点击搜索。

步骤4：监控热度概况。

任务说明：设置3天的监控时间查询3天内关键词的全网热度指数。

查询时间段：_____ 热度指数均值：_____

一小时热度变化趋势：_____ 热度指数峰值：_____

步骤5：点击"分析与评估工具"，选择"微博情绪"进行分析。

步骤6：查看到关键词的用户情绪。

任务说明：

1. 查看到关键词的用户情绪所占百分比，并根据显示填写空格。

喜悦情绪：____%；恐惧情绪：____%；悲伤情绪：____%；中性情绪：____%

2. 分析用户情绪地图中各省情绪排名，并根据显示分别填写喜悦、愤怒情绪排名最高的前三个省份。

喜悦排名第一：_____ 愤怒排名第一：_____

喜悦排名第二：_____ 愤怒排名第二：_____

喜悦排名第三：_____ 愤怒排名第三：_____

二、新媒体舆情管理

步骤1：收集舆情管理案例。

任务说明：通过网络、书本、报刊等渠道，收集3个舆情管理的案例，并填写表格。

事件	舆论争议	回应方式	应对亮点

步骤2：制定舆情管理策略。

任务说明：

1. 以服装品牌为例，列出品牌存在的3个舆情风险点及4个应对策略，并填写表格。

舆情风险点	回应方式	应对策略
		1. 2. 3. 4.

续　表

舆情风险点	回应方式	应对策略
		1. 2. 3. 4.
		1. 2. 3. 4.

2. 选择本品牌适合的舆情回应方式。

选择回应平台：_____

选择回应方式：□文字　　□视频

【工作结束】

数据整理及备份：　□完成　　□未完成

关机检查：　　　　□正常　　□强行关机　　□未关机

整理桌面：　　　　□完成　　□未完成

地面卫生检查：　　□完成　　□未完成

整理椅子：　　　　□完成　　□未完成

任务评价

类别	序号	考核项目	考核内容及要求	优秀	良好	合格	较差
技术考评	1	质量	了解新媒体舆情监控与管理的概念				
	2		能够对舆情进行监控				
	3		能够收集舆情管理案例				
	4		能够制定舆情管理策略				
非技术考评	5	态度	学习态度端正				
	6	纪律	遵守纪律				
	7	协作	积极参与团队合作与交流				
	8	文明	保持安静，清理场所				

☀ 任务拓展

任务说明：

1. 舆情设定：一个面膜品牌出现质量问题，引发了舆情，用户投诉到消费者协会。

2. 以新浪微博为平台，设置面膜品牌相关的关键词，并对关键词情绪进行监控。

3. 收集与面膜相关的舆情案例。

4. 分析面膜品牌的舆情风险点，并制定应对措施。

5. 选择一个回应平台，选择一种回应方式，针对面膜品牌质量问题的舆情，写一份简单的官方回应。

项目七　新媒体文案创作

📋 项目情境

在移动互联网时代，企业的广告营销，已从电视、广播、杂志和报纸等传统平台转移到了新媒体平台，文案在企业新媒体营销中的重要性日益突出。因此，小刘决定学习新媒体文案创作，优化"小鲜范"的新媒体营销文案，宣传企业产品。

🔧 学习目标

本项目旨在引导学生学习并掌握新媒体文案标题、内容撰写的相关知识与技能，进行新媒体文案创作。

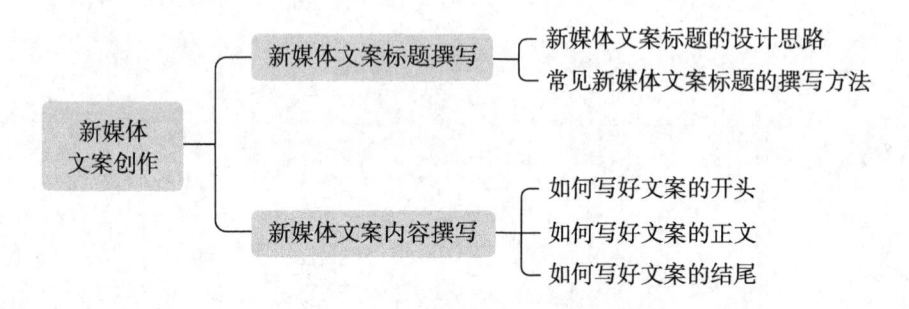

☯ 项目导图

```
                    ┌─ 新媒体文案标题撰写 ─┬─ 新媒体文案标题的设计思路
                    │                    └─ 常见新媒体文案标题的撰写方法
  新媒体文案创作 ───┤
                    │                    ┌─ 如何写好文案的开头
                    └─ 新媒体文案内容撰写 ─┼─ 如何写好文案的正文
                                         └─ 如何写好文案的结尾
```

任务一　新媒体文案标题撰写

⊕ 任务描述

随着新媒体时代的到来，各类媒介的增多使读者每天都会接收到海量的信息。

读者要从众多的信息中找到自己感兴趣的东西，首先就是看标题，如果失去了标题的指引，必然会给读者的阅读带来一定的困难。小刘计划写出吸引人的标题，以此来激发读者的阅读兴趣。

任务目标

1. 了解新媒体文案标题的设计思路；
2. 掌握常见新媒体文案标题的撰写方法；
3. 能够根据产品特点、平台特点、客户需求等要素，撰写新媒体文案标题；
4. 具备遵守《中华人民共和国电子商务法》《中华人民共和国广告法》等相关法律法规及平台规则的职业操守。

任务实施

一、新媒体文案标题的设计思路

在注意力稀缺的时代，标题对于文案的重要性不言而喻。都说题好文一半，甚至有人说："一个会写标题的人抵得上千军万马！"这当然是夸张，但也很现实。因为读者只给了你1秒钟，你想让人看文章，你的标题就得第一时间抓住眼球，让人想点开。所有的阅读和转发，标题是第一环。机会稍纵即逝，1秒内如果不能吸引读者点开，那么它就没有了上场的机会。设计吸引人的新媒体文案标题可以借鉴以下思路。

1. 标题要激发读者好奇

每个人面对未知的事物都想去寻找答案，这就是好奇心。因此在提炼标题时要注意激发读者的好奇心，提升读者的阅读兴趣，一般来说，有以下三种方法。

（1）提出疑问。

人天然会对问句敏感，你提出一个问题，摆上一个问号，他就会竖起耳朵想听到答案。如《iPhone设计团队几乎全数离职，苹果是如何逼走设计师的?》，这种亮点前置+设置悬念的标题形式，让感兴趣的读者一看到就想知道答案是什么。

（2）颠覆认知。

当标题是反常识、反直觉、违背生活经验的表达时，读者就会想知道是为什么。如《身为一个母亲，我从来都不爱我的孩子》，通常来说，母亲都是爱自己的孩子的,而这个标题则打破常规,挑战读者的认知。

(3) 抛出好奇问题,设置悬念。

把读者特别想知道的答案在标题中做一定程度的提示,然后又不直接说出来,吊足读者胃口。如《成就高的那批人全都有同一种天分》,想知道这种天分是什么,读者就得点开标题来看文章内容。

2. 标题要引发读者共鸣

如何引发共鸣呢?就是替读者说出他们最想说的话,表达出他们最想表达的观点、展示出他们最想展示的态度。塑造一个情景,引导读者的情感,使用强烈的能够让读者感受到的词语,引起读者的共鸣,使用这种方式可以在内容中多用一些情感类的关键词。如《我们光是活着就拼尽全力了》,读者看到的一瞬间有什么感受呢?很多读者喜欢转发类似文章到朋友圈,是因为他们想借助文章完成自我表达。

3. 标题要戳中读者痛点

简单来说,就是读者一看到这个标题,就会感觉到"扎心"、感觉到痛。如《你凭什么穷得心安理得》,年轻人往往觉得自己怀才不遇,不受老板重视,本该拿更多的薪水等,当看到这个标题时就会觉得很"扎心"。

4. 标题要与读者利益相关

信息时代,内容供大于求,读者更倾向于看跟自己有关,对自己有用的、有价值的内容。如果文章不能帮读者解决问题,他们当然不会看!因此,在提炼标题时要思考的是帮助读者解决什么问题,能为读者提供什么价值?读者看完文章能学到什么?直接在标题上给读者以利益,让读者看到标题就知道点开这篇内容自己能获得什么。如《如何写出阅读量10万+的微信爆款文章》,作为新媒体编辑通常会点开看。因为它不仅跟读者利益相关,还满足了新媒体人的预期。

5. 标题要学会蹭知名度

蹭知名度即借势营销,就是借用知名度高的事物去讲知名度低的事物,毕竟多数时候你想要表达一个事物时,可能知道这个事物的人并不多,感兴趣的也不多,若在标题中直接展示,可能很多读者都不会点开看。所以就需要找一些知名度高,受欢迎程度高的事物来吸引人,蹭知名度是性价比较高的一种思路。

6. 标题表达要直接清晰

在新媒体行业中曾流行这样一句话:"不能在一秒钟看明白的标题都不是好标

题",并不是说标题写的稍微有点难度读者就看不懂了,而是在信息流中,在很多的文章中,读者留给我们的时间很短,如果第一眼没注意到,就会直接划过去。因而我们在写标题时,表达要直接清晰、简单易懂。

二、常见新媒体文案标题的撰写方法

新媒体营销者要做的是让标题能抓人眼球,让标题在1秒内吸引读者的注意力。小刘结合以往许多公众号的标题方法论和自己的一些实操,总结了10个爆款标题的写作方法,相信能让新媒体运营者的标题多一些吸引力。

1. 数字式标题

数字式标题,即将正文的重要数据或本篇文章的思路架构整合到标题。数字式标题一方面可以利用吸引眼球的数据引起读者注意,另一方面可以有效提高阅读标题的效率。数字能简洁明了地传递信息,而且与文字相比,数字能更直接地抓取客户眼球。

举例:

10种超实用的芒果吃法小技巧,好吃不上火!

2. 人物式标题

互联网世界,信任先行。据统计,绝大多数网友会首先考虑来自好友推荐的产品,其次是专业人士,最后是陌生人。换言之,如果身边没有朋友买过某产品或看过某文章,网友会出于对专业人士及名人的信赖,而信赖他们的观点或推荐。因此,如果你的正文中涉及专业人士或名人的观点,那么可以将其姓名直接拟入标题。

举例:

(1)向杰克·韦尔奇学商业管理

(2)马云谈雾霾:希望我真是外星人,能逃回我的星球

3. 历程式标题

真实的案例,比生硬的说教更受欢迎。在标题中加入"历程""经验""复盘""我是怎样做到"等字眼,可以引起网友对于真实案例的兴趣。

举例:

(1)××排名全国网红NO.2之心路历程

(2)我是怎样做到把网络课程卖出1000万元的?

4. 体验式标题

体验式标题，能够将读者迅速拉入内容营造的场景，便于后续的阅读与转化。每个人所处的环境不同，看文章的心情也不同。但是为了引导读者的情感，你需要为读者营造场景，你可以在标题中加入体验式语言，包括"激动""难受""兴奋""不爽"等情感类关键词及"我看过了""强烈推荐"等行为类关键词。

举例：

（1）一段小小的视频，上百万人都看哭了！

（2）这一位很厉害的强迫症人士，我一定要推荐给你！

5. 恐惧式标题

读者会关注与自己相关的话题，尤其是可能触及自己利益的话题。如果正文内容关系到读者健康、财物等，可以尝试设计恐惧化标题，从而激发猎奇心理，同时产生危机感。

举例：

（1）一上班就没状态？这是病，得治！

（2）如果你不在乎钙和维他命，请继续喝这种豆浆！

6. 稀缺式标题

超市某商品挂出"即将售罄"的牌子后，通常会引来一波哄抢。"双11"电商平台销量逐年上涨，也是由于平台和商家约定"当日价格全年最低"。对于稀缺的商品或内容，网友普遍容易更快做出决策，直接购买或点击浏览。因此，新媒体文案标题也可以提示时间有限或数量紧缺，促进正文阅读。

举例：

（1）"和秋叶一起学PPT"课程马上涨价！全新升级！

（2）快领！京东购书优惠券明天过期！

7. 热点式标题

体育赛事、节假日、热播影视剧、热销书籍等，都会在一段时间内成为讨论热点，登上各大媒体平台热搜榜。文章内容可以与热点相关联，标题可以拟入热点关键词，增加点击量。

举例：

（1）8种"凡尔赛式"泡面煮法

（2）里约奥运约不起？伊利喊你楼下小广场见！

8. 神秘式标题

脑白金上市之初曾在媒体投放《两颗生物原子弹》《人类可以"长生不老"吗?》等文章，引起关注健康的读者的兴趣，为日后的品牌推广打下良好的概念基础。实际上，新媒体文案也可以制造神秘，吸引读者眼球。人类对于未知事物，通常有猎奇心理——越是神秘，越想一探究竟。神秘式标题可以拟入"机密""内幕""奥秘""小秘密"等词语，表达神秘。

举例：

（1）比车厘子还贵的枣的秘密，唯一的缺点是太甜！

（2）阿文独家秘籍：如何快速玩转一个神器？

9. 模拟式标题

手机、平板电脑等移动设备会收到消息推送，包括红包提醒、聊天消息提示等。基于移动端的新媒体文案，可以在标题中仿照消息推送的方式博人眼球。不过需要注意的是，模拟式标题不能高频使用。偶尔采用模拟式标题可以增加幽默成分，让读者会心一笑，但经常使用，会引起读者的反感，甚至影响品牌。

举例：

（1）［有人@你］圣诞老人来送礼，就问你要不要？

（2）［微信红包］恭喜发财，大吉大利！领取周末门票吧?

10. 创新式标题

创新式标题是指不符合常规的标题，能够给客户眼前一亮的感觉，进而吸引其阅读文章内容。

举例：

（1）吃点杏杏杏杏杏，你就行行行行行。

（2）奥荔荔荔荔荔荔荔荔。

> **知识链接**

新媒体文案标题写作的 7 个关键点

总的来说，新媒体文案标题写作的 7 个关键点可以概括为 6W1H。下面来分析一下这些内容：

1. Who：这篇文章是由谁来分析的？

标题举例：

（1）我研究传统企业转型11年了，但还是被亚马逊实体店的做法震惊了！

（2）一位央视财经评论员眼中：未来中国的实体店将会是这样的！

关键点——塑造分析者的价值，而背书者一定要是一个名人！

2. Who：这篇文章会跟谁有关系？

标题举例：

（1）亚马逊这样做实体店，让所有传统企业都汗颜！

（2）亚马逊的场景营销做法，所有传统企业都要学一学！

关键点——目标受众是谁？谁会关心和需要这篇文章！

3. What：这篇文章分析了什么？讲了什么？

标题举例：

（1）亚马逊实体店这样做场景体验，连宜家都不得不服

（2）未来，实体店不仅是卖产品，更是卖场景

关键点——所讲的观点能颠覆认知，形成反差，有矛盾点。

4. What：这篇文章能给人带来什么情绪感受？

标题举例：

（1）当我去逛亚马逊实体店时，我被彻底震惊了！

（2）原来实体店还能这样做，这是我看过最有价值的一篇了！

关键点——使用带有强烈情感的形容词，采用第一人称的角度，更具代入感。

5. Why：读者为什么要读这篇文章？

标题举例：

（1）如果你的实体店也半死不活的，那你一定要了解亚马逊的做法

（2）为什么你的实体店人越来越少了？因为你没做到这一点！

关键点——文章能击中某个痛点，痛点要够痛，甚至可以稍微带有"威胁、恐吓"的性质。

6. Why：读者为什么要读这篇文章？文章能给读者带来什么好处？

标题举例：

（1）学会亚马逊的这一做法，你的实体店想不成功都难！

（2）学亚马逊这样做，实体店分分钟秒杀网店

关键点——好处可以适当夸张，但不要太标题党。

7. How：这篇文章是怎样被分析出来的？

标题举例：

（1）在亚马逊实体店埋伏了15天，我终于得出它盈利的秘诀了

（2）在亚马逊工作10年，揭示亚马逊实体店的经营之道

关键点——渲染分析的过程，多用数字。

思政园地

新媒体文案标题中的禁用词

1. 表示权威性的禁忌词：国家×××领导人推荐、国家××机关推荐、国家××机关专供、特供等借国家、国家机关工作人员名称进行宣传的用语。

2. 包含"首/家/国"及相关词语：首个、首选、全球首发、全国首家、全网首发、首款、首家、独家、独家配方、全国销量冠军、国家级产品、国家（国家免检）、国家领导人、填补国内空白等用语。

3. 包含"最"及相关词语：最、最佳、最具、最爱、最赚、最优、最先进、最优秀、最好、最大、最大限度、最高、最高级等含义相同或近似的绝对化用语。

4. 包含"一"及相关词语：第一、中国第一、全网第一、销量第一、排名第一、唯一、第一品牌等用语。

5. 包含"级/极"及相关词语：国家级（相关单位颁发的除外）、全球级、宇宙级、世界级、顶级（顶尖/尖端）、顶级工艺等用语。

6. 表示品牌地位的相关词语：王牌、领袖品牌、世界领先、遥遥领先、领导者、缔造者、创领品牌、领先上市、至尊、巅峰等用语。

7. 表示绝对、极限且无法考证的词语：绝对值、绝对、大牌、精确、超赚、领导品牌、领先上市、巨星、奢侈、世界级等虚假或无法判断真伪的夸张性表述词语。

8. 迷信用语：化解小人、增加事业运、招财进宝、健康富贵、提升运气、有助事业、护身、转富招福等迷信色彩的用语。

9. 虚假内容相关词语：史无前例、前无古人、永久、万能、祖传、特效、无敌、纯天然等无法提供证明的虚假宣传词语。

10. 涉嫌欺诈消费者的表述：点击领奖、恭喜获奖、全民免单、点击有惊喜、

点击获取、点击转身等涉嫌诱导消费者的表述。

11. 激发消费者抢购心理的表述：秒杀、抢爆、再不抢就没了、不会再便宜了、错过就没机会了、万人疯抢、抢疯了、史上最低价等激发抢购心理的词语。

12. 限定时间的表述：限时须有具体时限，所有团购须标明具体活动日期，如今日、今天等，严禁使用随时结束、马上降价、最后一波等无法确定时限的词语。

任务实战

新媒体文案标题撰写工作单

【工作准备】

是否正常培训：（部门经理填）□到席　□请假　□旷工　原因：

是否遵守纪律：（部门经理填）□严格遵守　□迟到　□早退　□出位　□其他

检查电脑的完好性：□完好　　□故障：报告值班经理并换机

【工作记录】

一、新媒体文案标题的设计思路

请你根据标题的设计思路，在网上搜索相对应的标题，要求每种设计思路找2个相关标题。

1. 标题要激发读者好奇

　　标题1：_____

　　标题2：_____

2. 标题要引发读者共鸣

　　标题1：_____

　　标题2：_____

3. 标题要戳中读者痛点

　　标题1：_____

　　标题2：_____

4. 标题要与读者利益相关

　　标题1：_____

　　标题2：_____

5. 标题要学会蹭知名度

标题1：_____

标题2：_____

6. 标题表达要直接清晰

标题1：_____

标题2：_____

二、常见新媒体文案标题的撰写方法

任务说明：

1. 商品设定：广西百色芒果；

2. 上网搜索10种不同类型的标题案例进行参考；

3. 并根据商品撰写10种不同类型的标题；

4. 标题符合相关法律法规的要求。

①数字式标题

参考标题：_____

标题：_____

②人物式标题

参考标题：_____

标题：_____

③历程式标题

参考标题：_____

标题：_____

④体验式标题

参考标题：_____

标题：_____

⑤恐惧式标题

参考标题：_____

标题：_____

⑥稀缺式标题

参考标题：_____

标题：_____

⑦热点式标题

参考标题：_____

标题：_____

⑧神秘式标题

参考标题：_____

标题：_____

⑨模拟式标题

参考标题：_____

标题：_____

⑩创新式标题

参考标题：_____

标题：_____

【任务提示】

100 条万能标题公式

1. 10 个为_____节省金钱/时间的技巧

2. 获得_____较优惠价的秘密

3. 如何在网上找到较好的_____生意

4. _____的较好小工具

5. 获得更便宜的_____全攻略

6. _____和盈利的_____种方法

7. 方便_____的 10 个方法

8. _____块钱以下较好的_____

9. 不同寻常但可以实现的_____

10. 进行_____预算的_____种方法

11. _____值那么多钱吗？

12. 现在你可以免费_____

13. 还有谁想_____

14. _____像个电影明星

15. 如何在较短的时间内获得_____

16. 10 位明星和他们的_____

17. 名利双收的＿＿＿＿生活方式

18. 如何揣摩和扮演＿＿＿＿

19. 如何在10秒钟之内＿＿＿＿

20. 拥有一个足以让你自豪的＿＿＿＿

21. 21种＿＿＿＿交流技巧

22. 发现你较好的＿＿＿＿

23. 计划一个完美的＿＿＿＿

24. 这是＿＿＿＿真正需要的

25. 你是/可以＿＿＿＿的7种迹象

26. 现在开始＿＿＿＿

27. ＿＿＿＿年的＿＿＿＿将如何影响＿＿＿＿

28. ＿＿＿＿的过去和现在

29. 关于＿＿＿＿未来的40个预测

30. ＿＿＿＿的故事

31. ＿＿＿＿是一个濒临灭绝的品种吗？

32. 如何克服对＿＿＿＿的恐惧

33. 10种＿＿＿＿诈骗以及如何避免它们

34. 你的＿＿＿＿有多安全？

35. 7个令人害怕的＿＿＿＿

36. 吓人的10个＿＿＿＿

37. 蛮横的＿＿＿＿以及它们如何影响你

38. 永远摆脱你的＿＿＿＿

39. 你的＿＿＿＿可以成为＿＿＿＿吗？

40. 你的＿＿＿＿并没有告诉你＿＿＿＿

41. 提防＿＿＿＿以及如何识别他们

42. 不＿＿＿＿的10个好方法

43. 如何安全地＿＿＿＿

44. 潜伏的＿＿＿＿危险

45. ＿＿＿＿该做和不该做的

46. 把＿＿＿＿搞砸的21种方法

47. 不_____的 10 个理由

48. 7 个_____危险信号

49. _____永远不该做的 7 件事

50. _____谎言以及如何识别它们

51. _____的事实和奥秘

52. _____专家不想你知道的 21 个秘密

53. 101 个流行的_____奥秘

54. 10 个你应该知道的_____事实

55. _____成功的秘密

56. 很少人知道的_____方法

57. _____中的真实和谎言

58. 你所需要知道的关于_____的事

59. 我们告诉我们的_____ 10 个谎言

60. 没有告诉_____的 101 件事

61. 揭示：为什么_____

62. 如何识别一个虚假的_____

63. 什么时候比较适合_____或者_____？

64. 很少人知道的_____方法

65. _____比较好的 10 个理由

66. 如何计划较优的_____

67. 如何像_____一样_____

68. 你可以自己做的_____工作

69. 一个有利于_____的方法

70. 一个_____的快速方法

71. 7 个有创意的_____方法

72. 如何成为一个_____

73. 你可以_____的 9 件令人惊喜的事

74. 10 步_____像一个专家

75. 21 个专家_____技巧

76. 你应该_____的 5 个理由

77. ＿＿＿＿＿＿＿个较傻的＿＿＿＿＿＿＿创业获得成功

78. 世界上较便宜/较贵的 10 ＿＿＿＿＿＿＿

79. 你可以购买的世界上较＿＿＿＿＿＿＿

80. 世界上较差劲的＿＿＿＿＿＿＿

81. 较有趣的＿＿＿＿＿＿＿故事

82. 世界上性感的＿＿＿＿＿＿＿

83. 世界上较好和较坏的 10 ＿＿＿＿＿＿＿

84. 对＿＿＿＿＿＿＿较友好的 19 ＿＿＿＿＿＿＿

85. 100 个有用的或者漂亮的＿＿＿＿＿＿＿

86. ＿＿＿＿＿＿＿比＿＿＿＿＿＿＿要好的 5 个理由

87. 世界上 10 个较重要的＿＿＿＿＿＿＿

88. 世界上较不同寻常的＿＿＿＿＿＿＿

89. 我们不想看到的＿＿＿＿＿＿＿情况（或结果）

90. 21 个较滑稽的＿＿＿＿＿＿＿

91. 世界上较糟糕的＿＿＿＿＿＿＿建议

92. ＿＿＿＿＿＿＿种大胆并具有创意的＿＿＿＿＿＿＿点子

93. 在不增加＿＿＿＿＿＿＿的情况下推广你＿＿＿＿＿＿＿的 5 个方法

94. 影视界关于＿＿＿＿＿＿＿较＿＿＿＿＿＿＿的 20 个剪辑

95. 现在你可以花费较少的努力获得更多更好的＿＿＿＿＿＿＿

96. 可以使你＿＿＿＿＿＿＿得比预期要好的 9 种方法

97. ＿＿＿＿＿＿＿的历史

98. ＿＿＿＿＿＿＿的现代规则

99. 来自历史的＿＿＿＿＿＿＿教训

100. 每个人都应该知道的关于＿＿＿＿＿＿＿的事

【工作结束】

数据整理及备份：☐完成　☐未完成

关机检查：　　　☐正常　☐强行关机　☐未关机

整理桌面：　　　☐完成　☐未完成

地面卫生检查：　☐完成　☐未完成

整理椅子：　　　☐完成　☐未完成

任务评价

类别	序号	考核项目	考核内容及要求	优秀	良好	合格	较差
技术考评	1	质量	了解新媒体文案标题的设计思路				
	2		掌握常见新媒体文案标题的撰写方法				
	3		能够根据产品特点、平台特点、客户需求等要素，撰写新媒体文案标题				
非技术考评	4	态度	学习态度端正				
	5	纪律	遵守纪律				
	6	协作	积极参与团队合作与交流				
	7	文明	保持安静，清理场所				

任务拓展

任务说明：

1. 商品设定：广西柳州螺蛳粉；
2. 上网搜索 10 种不同类型标题案例进行参考；
3. 根据商品撰写 10 种不同类型的标题；
4. 标题符合相关法律法规的要求。

任务二　新媒体文案内容撰写

任务描述

新媒体行业发展至今，其文案内容撰写已经形成了一些比较固定的写作策略和写作规律，这些都是新媒体文案创作者和相关人员所必须掌握的知识。一篇结构完整的新媒体文案一般包括标题、开头、正文和结尾 4 个部分，大多数读者的正常阅读顺序也是如此。通常用标题来吸引读者点击文案，用开头来勾起读者的阅读欲，用正文来降低读者的跳出率，用结尾来引导读者采取相应的行动。小刘已经学习了新媒体文案标题撰写，接下来他需要解决的是如何写好文案的开头、正文和结尾。

任务目标

1. 了解新媒体文案包括的内容；
2. 掌握新媒体文案开头的写法；
3. 掌握新媒体文案正文的结构；
4. 掌握新媒体文案结尾的写法；
5. 能够根据所给的背景资料撰写新媒体文案；
6. 具备遵守《中华人民共和国电子商务法》等相关法律法规及平台规则的职业操守。

任务实施

一、如何写好文案的开头

"良好的开端是成功的一半"，读者打开文案，就成了潜在的用户，如果文案的开头不能吸引读者继续浏览正文，那就等于浪费了一次销售转化的机会。因此，一个好的开头要能吸引读者的注意，促使其产生继续读下去的欲望。在新媒体文案写作中，常用的开头写法有制造悬念、借势热点、独白共情、引入故事、权威开头、引入提问等。

1. 制造悬念，激发好奇心

制造悬念，就是在文章的开头设置扣人心弦的悬念，激发读者的好奇心及阅读兴趣，令其怀寻幽探胜之情愉快读完全文的一种开头方法。比如，以下这段文案的开头就在一定程度上激发了读者急切的期盼心理，"我还不知道她为什么要放弃年薪百万的工作，陪她老公到山上种树，直到昨晚她跟我说的一席话。"看到这样一段文案开头，读者脑海里会疑问：为什么她会放弃高薪？为什么她愿意去山里种树？她说了什么话让我突然明白呢？好的文案开头，用一句话制造悬念，吸引读者继续往下阅读。

2. 借势热点，增加点击

人们都喜欢追求新鲜的东西，在一个热点刚出来的时候，关于这个热点的关注度瞬间会很高。因此我们可以在文案开头借助热点事件来吸引受众的注意力，增加点击率。

例如，创作者写推荐服装产品的文案时，可以在开头引入刚刚发生的电影节红毯仪式，分析电影明星的穿戴，并介绍自己要推荐的产品；写推荐书籍的文案时，可以通过引入某一与书籍主题有关的热点事件来推荐书籍。在发生热点事件的第一时间"蹭热点"，借助热点事件撰写文案，这样的文案一般阅读量都很高。

3. 独白共情，给予心理需求

使用独白开头就是使用第一人称与读者直接对话，也就是向读者敞开心扉，引起读者共情，获取读者心理上的认同。人物独白会让读者感到更加亲切，读者会认为这是作者最真实的心理，不掺杂虚伪的情感，情真意切，很容易引发其情感共鸣和信任。

4. 引入故事，拉近距离

故事类的文案是一种容易被读者接受的题材，一篇好的故事文案很容易让读者记忆深刻，拉近距离。生动的故事容易让读者产生代入感，对故事中的情节和人物也会产生向往之情，还可以通篇讲故事，在其中巧妙地进行商业植入等。

例如，《一碗羊肉汤，治好"老佛爷"的"怪病"》的开头是这么写的："光绪八年，也就是公元1882年，48岁的慈禧太后突然患上了一种'怪病'，不仅浑身不适，懒散犯困；而且茶饭不思，恶心呕吐。"以传说故事开头，可以增加趣味性。

5. 权威开头，增大说服力

权威式开头，也就是借助权威来支持自己的观点，增加说服力。权威既包括权威机构也包括一些权威资料。如《一个人最低效的努力，就是不断提升自己的短板》这篇文章，开头就引用了英国著名球星贝克汉姆的事例，目的是证明自己的观点——把精力用在提升自己的优势上。

6. 引入提问，增加参与感

文章一开头，就把所写的主要内容，以问题的形式提出来，引人注意，发人思考，这种开头方法就叫提问式开头法。提问句式，是互动式文案的常用方法，一句提问让读者1秒去注意，然后去思考，反问自己，增加参与及代入感。如一篇标题为《凌晨三点的陌生人：谢谢你，骗了我》，以"你有多久没有跟陌生人说话了？"开头，旨在说明人生旅途中各种陌生人间的温情互助。

二、如何写好文案的正文

新媒体文案的正文是要将想向读者传达的内容好好梳理，清晰详尽地表达出来。

好的内容不是极力说服他人接受而是有明确的目标诉求，通过图文并茂的描述，逐渐让读者接纳与信赖，提升自己的人气并营造互动氛围。常见的新媒体正文结构有以下几种。

1. 总分式

总分式结构是新媒体文案中比较常见的。其中，"总"是指文章的总起或总结，起点明主题的作用。"分"指的是分层叙述，即将中心论点分为几个横向展开的论点，并一一进行论证。总分式结构还包括"总—分—总""总—分"以及"分—总"，无论哪一种，分述一定是不能缺少的部分。如朱自清的《背影》就是采用"总—分—总"式的写法，开头提到了最不能忘记父亲的背影，接下来通过场景对父亲的"背影"作了具体的描绘，最后，儿子读着父亲的来信，在泪光中再次浮现了父亲的"背影"，与文章开头呼应。

2. 片段组合式

片段组合，就是在主题范围内，选择几个能体现主旨的片段有机组合起来，共同表现一个主题。片段组合式结构一般是开头点题定向，领起下文；主体分承，片段组合，各个片段之间既各自独立，又彼此勾连；结尾呼应前文，点明题旨。如《沉默的父爱》，就是从6岁、16岁、昨天、今天，这几个片段描述了深深的父爱。

3. 并列式

并列式从推广对象的各方面特征入手，不分先后和主次，各部分并列平行地叙述事件、说明事物或围绕中心论点从不同角度提出问题，各问题平行并列、分别论证。如荀子的《劝学》就是从学习的意义、学习的作用、学习的态度三个方面并列阐明了"学不可以已"的道理。

4. 欲扬先抑式

欲扬先抑，"抑""扬"分是指控制和放纵感情，运用这种方法需要在结构上层层铺垫，"抑"为"扬"蓄足气势。用这种方法，使情节多变，波澜起伏，形成鲜明对比，容易使读者在阅读过程中，产生恍然大悟的感觉，留下比较深刻的印象。例如，《战国策》中有一段"冯谖客孟尝君"的故事，文章的开头写冯谖既无爱好，又无能耐，还爱提要求、发牢骚，简直是成事不足，败事有余，作者把他贬抑到最低处，然后笔锋一转，写他如何为孟尝君经营"三窟"，写出了他非凡的才能。开头的"抑"是为了衬托后面的"扬"。

5. 递进式

递进式是按照事物或事理的发展规律和逻辑关系，以层层递进的方法组织内容，通常由浅入深、由因及果、由现象到本质或者根据时间、空间以及其他逻辑进行说理、叙事。这类结构的文案具有逻辑严密的特点。如高考范文《成功三重奏》中的这三重奏，文章先说成功需要经验、勇气和摒弃杂念，文章最后进一步深化主题，成功需要学识的动力，需要勇气的推力，更需要精神的拉力。这三重奏逐层递进，一层比一层重要，将成功的三个关键表现得淋漓尽致。

6. 三段式

三段式是一种非常普通的故事情节布局，大致分为开头，中段和结尾。议论文由开头（提出问题或论点）、中段（分析问题或论证）、结尾（解决问题或作结论）三大部分构成，它反映写作者的思维进程，体现人类认知规律。如王蒙的《一个值得重视的问题》，开头提出作家学者化问题，中段从正反角度详细分析这一问题，最后解决这个问题，作出中国文学要突破必须解决作家学者化的结论。

7. 穿插回放式

穿插回放式即利用思维可以超越时空的特点，以某一物象为线索，将描写的内容通过插入、回忆、倒放等方式串联组合起来，形成一个整体。操作的关键是选好串联的物象，并围绕一个中心截取生活中的材料。例如，标题为《在平安回家的前提下，和自己谈谈心吧》的新媒体文案，通过展示某人坐上列车的感想，穿插学生时代、上班后坐车回家时的不同，引出"每个人的心里，都会有一个符号，让我们不曾忘记自己为了什么而努力"的主题。

三、如何写好文案的结尾

如果说，好开头是好文章的一半，那好结尾就是互动的一半。一个粗糙的结尾会使用户觉得虎头蛇尾或者深度不够，而好的结尾能提高购买转化率；好的结尾能触动读者，引导读者留言；好的结尾能加深读者印象，交付给读者更多的知识。常见的文案结尾方式有神转折结尾、金句结尾、话题讨论结尾等。

1. 神转折结尾

神转折是事物发生了一种突破常理、违背逻辑、脱离世界观的变化，这种变化往往让人始料不及，完全没有准备。神转折结尾是指用出其不意的逻辑思维，使展

示的内容跟结局形成一个奇怪的逻辑关系,从而得到出人意料的效果的结尾方式。例如,方太油烟机的"神反转"广告:

> 一名美丽的女演员正在拍洗发水广告,在广告中,她不断地甩动着她柔顺的秀发。同时背景音响起,"带给你魅力和自信的秀发,就像一块海绵,它吸附空中各种脏东西,导致分叉、油腻,全球权威美发专家共同推荐,拥有87种益发因子的泡沫精华……"
>
> 忽然,女演员对着镜头大喊:"导演,我演不下去了。"导演愣住了,女演员继续说:"你知道女人做饭的时候,油烟里含有多少有害物质吗?三百多种。想要一头真正美丽的秀发,不如换一台不跑烟的油烟机。"
>
> 最后,方太油烟机的广告语出现在广告的结尾,"方太油烟机,四面八方不跑烟"。

这就是一则典型的"神转折"广告。在广告中,"神转折"之处就在于观众本以为这是一则洗发水广告,但是最后却变成了油烟机广告。

2. 金句结尾

金句结尾即在文章结尾使用金句,也就是说,使用富有哲理性富有内涵的句子来结束全篇。这样会非常吸引用户,触发用户内心,激发用户思考。比如,莫泊桑的《一生》的结尾:"人这一生,既不像想的那么坏,也不像想的那么好。"这句话,总结了主人公雅娜的一生,也概括了大部分人生活的状态,道出了人生的真相"人这一生,既不像想的那么坏,也不像想的那么好"。我们的生活,就是这样。

3. 话题讨论结尾

话题讨论结尾即在结尾设置话题,吸引用户参与讨论,一般采用提问方式,引发他们的思考及讨论的冲动。讨论的话题一般可以根据文案内容进行设置,如在看了某个类似奇遇记的文案,可用话题讨论式结尾"说一说,当下你最渴望发生什么奇迹?"

知识链接

新媒体文案撰写的"6+1"法则

所谓"6+1"法则是6个步骤+1个原则。

步骤1：描述背景。

我们就需要将背景和读者讲清楚，要说清楚自己的来意和优势，回答读者"你是谁？你为什么联系我？我凭什么相信你？"这个问题。这样读者才会往前再走一步，进入下一个阶段。

步骤2：引起注意。

把背景建立起来了，读者肯定更容易相信和注意到产品了。在这个阶段，可以通过标题来引起读者注意，一定要足够吸引眼球才可以。

步骤3：引起欲望。

虽然上一部已经能引起读者的注意，但是读者的注意力不会在你的产品上持续太长的时间，那我们就必须把握这不长的时间，让读者对你的产品产生兴趣，让这种兴趣变成渴望。

步骤4：建立落差（落差＝痛点问题＋解决方式）。

走到了这一步，我们引起了读者的注意，创造了欲望。这时候你要让读者采取行动。需要告诉你的读者：用了这个产品，后果是什么样的，或者说，不用这个产品，后果是什么样的，这个环节称为建立落差。

步骤5：解决方案。

运营者一旦建立了落差，要迅速过渡到解决方案。说你有一个解决方案可以短时间完美解决这个问题。

步骤6：行为呼唤。

最终目的是想让读者采取行动，这需要文案非常直白，明确地告诉读者让他们采取行动。

1个原则：信誉。

想要成功，就是要靠诚信。想要读者觉得你诚信，就必须做好读者调查和读者体验。在新媒体运营的文案中可以诉诸于常识，表明得到了大家的共识，展示你的专业性，并尽可能提供风险保证。在各个环节努力逐步建立你的信誉，读者才会最终对你产生信任。

思政园地

新媒体环境下新媒体文案的"平衡报道"

"要转作风改文风，俯下身、沉下心，察实情、说实话、动真情，努力推出有思想、有温度、有品质的作品。"习近平总书记在多次讲话中，表达了对广大新闻工作者的关爱和殷切期待，同时，也是对众多新媒体文案创作者的诚勉。

平衡报道也就是多方求证报道，是指在报道中真实、全面地陈列事实，做出正确的价值判断，突出报道主要意见和观点，同时要保证多元不同意见和观点的完整呈现。

重庆公交车坠江事件发生后，国内多家媒体报道了此事，但他们都犯了同样的错误：没有对访问对象提供的信息进行真伪鉴别，没有多方求证，匆忙报道导致无辜女司机被愤怒的网民不断谩骂、攻击。直到权威部门公布真相后，网上的指责、谩骂才戛然而止。

这就是一则非平衡报道的典型案例，当然，对于新媒体时代的新媒体文案创作人来说，此类事件只是个例，大多都是采用平衡的方法，让社会各方平等地发表自己的意见，并通过不同群体和专家对问题、现象作充分评说，更好地帮助受众就争议问题做出解答。

作为一个新媒体文案创作者，文案内容涉及双方利益时，必须有双方，甚至是第三方的采访。不能偏听偏信，更不能人云亦云。平衡是一种报道手法，只有让代表不同观点的事实和争论中的各种见解都得以完整呈现，才能防止出现故意的偏见，确保报道更真实、客观。因此，在报道中，要遵循平衡原则，确保采访、写作、编排、纠正技巧的平衡性。

因此，我们也要时刻牢记并贯彻实施习近平总书记多次讲话中提到的"要转作风改文风，俯下身、沉下心，察实情、说实话、动真情，努力推出有思想、有温度、有品质的作品"。

任务实战

新媒体文案内容撰写工作单

【工作准备】

是否正常培训：（部门经理填）□到席　□请假　□旷工　原因：

是否遵守纪律：（部门经理填）□严格遵守　□迟到　□早退　□出位　□其他

检查电脑的完好性：□完好　　□故障：报告值班经理并换机

【工作记录】

一、如何写好文案的开头

1. 请列举文案开头的写法。

   _____

   _____

2. 判断以下例子属于哪种撰写文案开头的方法，请写在题目对应的横线上。

   （1）"问你一个很现实的问题：工作多久能赚够 100 万元？"

   _____

   （2）"前几天，看到一则令人痛心的新闻：巴西圣保罗一名 26 岁模特在时装周走秀时摔倒，之后未能站起来，最终在医院被宣告死亡。"

   _____

   （3）"你只是看似自由。有时候，觉得自己是穿梭城市间的鸟人。看似自由，其实被困在更大的笼子里。"

   _____

   （4）"我还不知道她为什么要放弃高薪的工作，陪她老公到山上种树，直到昨晚她跟我说了这样的一席话。"

   _____

3. 根据所给的背景资料，选用两种撰写文案开头的方法，撰写两个文案开头。

   背景：要写一款清洁产品，产品独特亮点是可降解有机生物、0 化学残留、清洁率高达 99.99%、洗完碗的水可以直接浇花。

   （1）_____

   （2）_____

二、如何写好文案的正文内容

1. 请列举文案正文的结构类型。

   _____

   _____

2. 请通过搜索引擎在网上搜索任意 5 种文案正文的结构，把正文结构名称、文章标题、作者写下来。

   （1）标题：_____ 作者：_____ 属于_____结构。

   （2）标题：_____ 作者：_____ 属于_____结构。

(3) 标题：_____ 作者：_____ 属于_____结构。

(4) 标题：_____ 作者：_____ 属于_____结构。

(5) 标题：_____ 作者：_____ 属于_____结构。

三、如何写好文案的结尾

1. 请列举文案结尾的写作方式。

_____

2. 为以下内容撰写一个神转折结尾。

(1) 活着好累，身边所谓的朋友都是为了钱才接近我，每天对我说得最多的一句话就是：

_____

(2) 为了不辜负今天的好天气，我来到篮球场，今天打篮球的人真多啊。

_____

3. 请列举两个关于"励志"的金句作为结尾。

(1) _____

(2) _____

【工作结束】

数据整理及备份： □完成 □未完成

关机检查： □正常 □强行关机 □未关机

整理桌面： □完成 □未完成

地面卫生检查： □完成 □未完成

整理椅子： □完成 □未完成

任务评价

类别	序号	考核项目	考核内容及要求	优秀	良好	合格	较差
技术考评	1	质量	了解新媒体文案包括的内容				
	2		掌握新媒体文案开头的写法				
	3		掌握新媒体文案正文的结构				
	4		掌握新媒体文案结尾的写法				
	5		能够根据所给的背景资料撰写新媒体文案				

续 表

类别	序号	考核项目	考核内容及要求	优秀	良好	合格	较差
非技术考评	6	态度	学习态度端正				
	7	纪律	遵守纪律				
	8	协作	积极参与团队合作与交流				
	9	文明	保持安静，清理场所				

☀ 任务拓展

任务说明：

1. 商品设定：广西柳州螺蛳粉；

2. 请撰写一篇新媒体推广文案，达到推广商品的目的；

3. 文案内容要遵守相关法律法规的要求。

参考文献

［1］勾俊伟，刘勇．新媒体营销概论［M］．北京：人民邮电出版社，2019．

［2］谭贤．新媒体营销与运营实战：从入门到精通［M］．北京：人民邮电出版社，2017．

［3］张向南，勾俊伟．新媒体运营实战技能［M］．北京：人民邮电出版社，2017．

［4］秋叶，刘勇．新媒体营销概论［M］．北京：人民邮电出版社，2017．

［5］张向南．新媒体营销案例分析：模式、平台与行业应用［M］．北京：人民邮电出版社，2017．

［6］谭静．新媒体营销运营实战208招：微信公众号运营［M］．北京：人民邮电出版社，2017．

［7］文丹枫．微营销：指尖上的利器［M］．北京：人民邮电出版社，2013．

［8］于文飞．玩的就是新媒体：传统企业营销转型制胜法则［M］．北京：人民邮电出版社，2016．